Hartmut Großer

Die Illojiim

Konstrukteure der Menschheit

Hartmut Großer

Die Illojiim

Konstrukteure der Menschheit

„Die Illojiim"
1. Auflage Oktober 2015

Ancient Mail Verlag Werner Betz
Europaring 57, D-64521 Groß-Gerau
Tel.: 0 61 52/5 43 75, Fax: 0 61 52/94 91 82
www.ancientmail.de
Email: ancientmail@t-online.de

Umschlaggestaltung: Hartmut Großer/Sandra Schmidt
Druck: Digital Print Group O. Schimek GmbH

ISBN 978-3-95652-119-5

Vorwort

Dieses Buch bildet das Ergebnis meiner Recherchen über die Entwicklung des Menschen und das damit zusammenhängende Eingreifen der außerirdischen Spezies Illojiim auf diesen Prozess. Gleichzeitig zeige ich auf, wer diese Spezies ist und wie sich deren eigene Entwicklung und ihr Einwirken auf die Erde in den letzten 1,5 Millionen Jahren darstellt. Weiterhin führe ich im zweiten Teil der Dokumentation Beweise an, die meine in dem ersten Teil dieses Buches erstellten Angaben untermauern.

Selbstverständlich ist mir bekannt, dass auch andere Zivilisationen in einem Zeitraum von über 100 Millionen Jahren auf der Erde existierten, wie einige primitive reptiloide und auch humanoide Typen, ähnlich den heutigen Menschen. Zudem haben in der Zeitspanne des Entwicklungsprozesses des Menschen von etwa 1,5 Millionen Jahren außer den Illojiim weitere Intelligenzen (Karomin, Zelewesir, Annunaki und einige andere) unsere Welt besucht und Einfluss auf Teile der Menschheit genommen. Weiterhin gab es in diesem Zeitraum noch einige andere menschliche Zivilisationen (Maru und Nephilim, zwei Riesenarten als Abspaltung der konstruierten Menschen), die nach kurzer Zeit verschwanden, bevor sich unsere jetzige Spezies auf der Oberfläche dieser Welt ganz etablierte. Das alles war jedoch nicht Thema meiner Untersuchungen und ist deshalb auch in dieser Dokumentation nicht berücksichtigt worden. Jedoch sind bei meiner Beweisführung auch die Skelettfunde früherer Arten aufgelistet.

Was ich in dieser Dokumentation über den Eingriff der Außerirdischen in unsere Evolution ebenfalls nicht angeführt habe, sind die Genexperimente zur Schaffung von Mischwesen aus Menschen und Tieren. Darüber gibt es genügend Lektüre renommierter Autoren, die das Thema behandelt und entsprechende Beweise vorgelegt haben. Allerdings habe ich keinerlei Informationen erhalten, dass die Illojiim damit etwas zu tun hatten.

Hartmut Großer

Inhalt

Vorwort 5

Das Universum 11

Sonnensysteme 12

Leben auf anderen Planeten 14

Reptiloide Intelligenzen 16

Entwicklungsgeschichte des Lebens (Planet Erde) 19

1. Teil: Geschichte der Illojiim/Menschheit 22

Herkunft der Spezies Illojiim 23

Der Beginn 24

Die Situation der Illojiim 27

Beschaffung von Primaten 28

Die ersten Menschen 31

Eigenschaften der Genmanipulation 32

Das Ende der 1. Menschheit 33

Die 2. Menschheit 34

Die 3. Menschheit 35

Die 4. Menschheit 36

Die 5. Menschheit 37

Ein 2. Menschentyp parallel zur 5. Menschheit 39

Vor 74.000 Jahren (Festung Erde) 40

Spurenbeseitigung 49

Die 6. Menschheit (Atlantis) 52

Die 7. Menschheit, ein neuer weißer Typus
(das aktuelle Experiment) 56

Vor etwa 7.500 Jahren (Umsiedelung einiger irdischer Stämme) ... 57

Vor ca. 6.000 Jahren (Aufrüstung der Illojiim-Flotte) ... 57

Vor ca. 4.900 Jahren („Erntezeit“ auf der Erde) ... 58

Der Krieg der Götter ... 60

Bürgerkrieg im Reich der Illojiim ... 62

Illojiim-Projekt Menschheit (Zusammenfassung) ... 63

Raumfahrt und außerirdische Zivilisationen ... 67

2. Teil: Beweise ... 70

Geologische Zeitabschnitte mit bekannten Daten ... 70

Die Sintflut in der Bibel ... 75

Die Sintflut im Gilgamesch Epos ... 80

Die Sintflut in weltweiten Erzählungen ... 82

Berichte über die Illojiim und die Entstehung des Menschen ... 87

Die Bibel ... 87

Popol Vuh (Maya) ... 90

Die griechische Mythologie ... 92

Jungfrauen für die Götter ... 93

Ausführung über die genetische Konstruktion der Menschheit ... 94

Krieg im Himmel ... 97

Die Schlacht der Götter ... 97

Weitere Überlieferungen der Weltraumschlacht ... 99

Raumstation im Ramayana ... 99

Raumstationen im Mahabharata ... 101

Raumstation im Matsyapurana 102
Auswirkungen von Atomexplosionen im Altertum? 103
Fremde Wesen aus dem All? 105
Andere Welten (Die Kabbala) 107
Bericht über den Krieg mit den Illojiim 108
Mathematische Überbleibsel auf der Basis 12 110
Ruinen und Bauwerke 111
Puma Punku 111
Pyramiden 112
Unterirdische Anlagen 126
Bunkerstädte 126
Unterirdische Kommandozentrale? 128
Unterirdische Rätsel in Ägypten 130
Die Schacht-Anlage bei der Unas-Pyramide 130
Die Osiris-Krypta von Gizeh 134
Das Sonnenheiligtum des Niuserre in Abu Gurab 139
Eine moderne Version des Monolithen 141
Weltweite Megalith-Technik 143
Der Cephren-Taltempel (Ägypten) 143
Der Totentempel der Hatschepsut 145
Cusco (Peru) 147
Sacsayhuamán (Peru) 148
Der unvollendete Obelisk (Ägypten) 150
Wer waren die Erbauer? 151
Technische Artefakte aus dem Ural 152
Flugmodelle aus der Vergangenheit 154

Die „Taube von Saqqara“ 157
Die Geschichte von Atlantis 158
Der schlafende Prophet 160
Die Sphinx von Gizeh 162
Hinweis auf die „Hall of Records“ 164
Die unterirdische Stadt 164
Die Halle der Aufzeichnungen 165
Das Vermächtnis in der Halle der Aufzeichnung sind die Artefakte 166
Die Orion-Theorie 167
Die ägyptischen Monumente als zeitlicher Schlüssel 169
Atlantis heute (Kuba und das Bimini-Gebiet) 172
Riesen in der Bibel 177
Skelettfunde humanoider Riesen überall auf der Welt 179
Liste dokumentierter Funde von humanoiden Riesenskeletten 180
Die einheimischen Reptiloiden 186
Ursprüngliche Menschenarten 192
Nachwort 193
Quellennachweis Texte 194
Quellennachweis Bilder 199

Das Universum

Das Universum oder der Kosmos ist die Gesamtheit aller Sterne (Sonnen) und Sternenballungen (Galaxien) des uns bekannten Weltraums. Die Ausdehnung beträgt nach den Berechnungen der Wissenschaftler, auf Grund der angenommenen Urknalltheorie mit der entsprechenden Expansion der Sterne, etwa 13,6 Milliarden Lichtjahre.

Abb. 1: Die Andromeda-Galaxie

Anfang der 1970er Jahre gingen die Astronomen mit ihren Berechnungen davon aus, dass nur knapp 6 Prozent aller Sonnen in unserer Heimatgalaxie Planeten besitzen würden, auf denen Leben existieren könnte. Mit dieser vorsichtigen Schätzung gestanden sie unserer Galaxie 12 Milliarden Welten mit Leben zu und bei nur einer Chance von 1:100.000 hätte das bedeutet, dass es allein in unserem Milchstraßensystem außer unserer irdischen noch ungefähr 120.000 andere planetarische Kulturen geben würde. Das hört sich im ersten Augenblick enorm viel an. Wenn man jedoch die Entfernungen zwischen den Sonnensystemen und die Zeitspanne unserer schnellen Evolution als Maßstab nimmt, würde das heißen, dass wir niemals auf außerirdische Zivilisationen träfen. Diese Annahme erwies sich jedoch längst als gravierender Irrtum.

Sonnensysteme

Seit Mitte der 1990er Jahre entdecken die Astronomen immer neue Sonnen, die Planeten besitzen. Einen großen Anteil daran besitzt das Hubble-Weltraumteleskop. Zwar sind bis vor wenigen Jahren nur Superplaneten (Größe etwa der des Jupiters) entdeckt worden, doch mit fortschrittlicheren Messinstrumenten wie dem Kepler-Weltraumteleskop finden die Wissenschaftler heute immer mehr Sonnen, die diverse Planeten und auch erdähnliche Welten besitzen.

Abb. 2: Entstehung von Sonnensystemen

Die Entstehung der Sonnensysteme ist nach den Berechnungen der Astrophysiker überall im Universum nach gleichen physikalischen Gesetzmäßigkeiten erfolgt. Auch wenn einige der Sonnen mit ihren absonderlichen Satelliten-Strukturen absolut nicht in das vorgefertigte Bild der irdischen Wissenschaftler passen.

Zudem hat man festgestellt, dass beinahe jede Sonne, von den Zwergsonnen über die Riesen bis hin zu Doppelsternen, ein mehr oder weniger großes Satellitensystem besitzt.

Abb. 3: Unser Sonnensystem

Noch vor etwa 6 Jahren hielt man die blauen Riesen wie Bellatrix, im Sternbild Orion, für die größten Sterne im Universum und für extrem kurzlebig. Daher gestand man ihnen kein Satellitensystem zu.

Vor zwei Jahren entdeckten die Astronomen jedoch einen großen Satelliten in der Nähe eines blauen Riesens und mussten deshalb ihren Standpunkt revidieren. Nur wenige Wochen später fanden Astronomen Sonnen weit außerhalb unserer Galaxie, die wesentlich größer als die Blauen Riesen sind. Wieder mussten die Wissenschaftler ihre Annahmen und daraus resultierende Ergebnisse korrigieren.

Zurzeit weiß niemand, was den Tatsachen entspricht, denn das Universum hat seine eignen Gesetze und ständig finden die irdischen Forscher neue „Anomalien" in den Weiten des Weltalls.

Leben auf anderen Planeten

Aufgrund der Tatsache, dass beinahe jede Sonne ein Satellitensystem besitzt, muss man davon ausgehen, dass dort auch Welten existieren, die sich in der sogenannten Lebenszone befinden. Diese Lebenszone verschiebt sich je nachdem wie groß eine Sonne ist, in welchem Alter sie sich befindet und wie hoch sich die Anzahl ihrer Satelliten beziffert. In den meisten Fällen handelt es sich hierbei um maximal drei Planeten, über die im Lauf von etwa 2 – 3 Milliarden Jahren von außen nach innen das Zentrum des Lebensgürtels wandert und damit Voraussetzungen für vernunftbegabte Lebewesen in einem bestimmten Zeitabschnitt der Sonne schafft.

Voraussetzungen, die erfüllt sein müssen, um intelligentes Leben in unserem Sinn hervorzubringen:

1. Der Planet darf nicht weniger als halb oder mehr als doppelt so groß sein wie die Erde und die Umdrehung nicht mehr oder weniger als 20 Prozent unserer Welt haben, mit einem aktiven, rotierenden Flüssigmetallkern zum Aufbau eines schützenden Magnetfeldes. Damit wird je nach Größe des Planeten ein Gravitationswert zwischen 0,7 und 2,3 erreicht, der hochwachsende humanoide Lebensformen ermöglicht und die Oberfläche vor der gefährlichen Weltraumstrahlung schützt (siehe Van-Allen-Gürtel).

2. Mindestens ein großer Mond muss den Planeten in einer Entfernung umkreisen, der ihn stabil hält und die Welt nicht durch die Eigenbewegung des Kerns taumeln lässt.

3. Es müssen Wasser und Landmassen vorhanden sein, um eine Atmosphäre ähnlich unserer zu bilden, damit Flora und Fauna entstehen können. Auch muss es auf den Landmassen Vulkane geben, die für den Ausstoß von Lava und unterschiedlichen Gasmassen sorgen.

Wenn diese Bedingungen in einem Sonnensystem erfüllt sind, ist es nur eine Frage der Zeit, wann sich die erste intelligente Lebensform bildet und ihre technische Zivilisation entwickelt. Doch auch für diese Intelligenz gibt es gewisse Grundsätzlichkeiten, die allgemein gelten.

Unsere Wissenschaftler haben in vielen Berechnungen und Versuchsanordnungen ermittelt, welche Voraussetzungen bei einem Lebewesen gelten, um eine vernunftbegabte Kultur in unserem Sinn aufbauen zu können:

1. Die Augenhöhe der Kreatur darf nicht niedriger als 60 Zentimeter betragen, um dreidimensional denken zu können. Ein Tier, dessen Augen sich fast in Bodenhöhe befinden, kann nur begrenzt nach oben schauen und ist damit nicht in der Lage räumlich zu denken.

2. Zum Beurteilen von Entfernungen benötigt ein Lebewesen die direkte Sicht nach vorn, wobei sich der Sichtwinkel ab einer kurzen Entfernung überdeckt, und es dreidimensional mit Tiefenschärfe sehen kann. Fleischfresser mit Jagdinstinkt sind darauf angewiesen, damit sie die Entfernung zu ihrem möglicherweise schnellen Beutetier abschätzen können. Pflanzenfresser, die nur beinahe unbewegliche Formen registrieren, sind darauf nicht unbedingt angewiesen.

3. Es muss möglich sein, das Feuer zu benutzen; das ist jedoch das Vorrecht der Landbewohner. Geschöpfe, die im Wasser existieren, können keine Technologie schaffen, die mit Hilfe von Feuer (Eisenverarbeitung) errichtet wird.

4. Der Körper eines jeden intelligenten Wesens ist symmetrisch strukturiert. Die Beschaffenheit der Sinnesorgane (Augen und Ohren) muss dual sein, um räumlich zu funktionieren. Ebenso dual muss die Anordnung der Gliedmaßen aufgebaut sein, um koordinierte Aktionen durchführen zu können. Drei Beine oder drei Arme bringen jeden Körper während der Bewegung aus dem Gleichgewicht und lassen eine Bewegungskoordination nur extrem schwer zu.

5. Die Hände müssen mindestens einen Daumen (im Ansatz bewegliches Glied, wie um eine rotierende Achse) und drei Finger, zum Greifen und Halten von Gegenständen, besitzen. Damit ist, bis auf uns Menschen (wir besitzen fünf Finger und fünf Zehen, eine Primzahl!), die Prämisse auf der Basis zwei gegeben. Vier oder sechs Finger incl. Daumen und eine gleiche Anzahl von Zehen sind bei allen außerirdische Intelligenzen normal.

Natürlich müssen nicht auf allen bewohnbaren Planeten menschenähnliche Lebewesen existieren. Auch Reptiloide oder andere Formen sind möglich. Aber alle besitzen einen humanoiden Körperbau mit den vorgegebenen Prämissen. (Es wäre auch unsinnig anzunehmen, dass eine Amöbe oder ein Krake ein Raumschiff bauen könnte.) Was jedoch noch viel wichtiger ist, sämtliche Lebewesen entsprechen der natürlichen Evolution. Das bedeutet, dass sie sich nicht in nur ein paar Millionen Jahren von der Urform ihrer Art bis zur raumfahrenden Spezies entwickelt haben, sondern dafür mehrere zehn Millionen Jahre benötigen.

Reptiloide Intelligenzen

Selbstverständlich befassten sich auch unsere Wissenschaftler mit dem Problem reptiloider Intelligenzen. Bereits vor Jahrzehnten überlegten Paläontologen, wie wohl ein intelligentes Lebewesen, dessen Vorfahren aufrechtgehende Dinosaurier gewesen waren, aussehen würde.

Im Jahr 1982 mutmaßte Dale Russell, Kurator der Wirbeltier-Fossilien im National Museum of Canada in Ottawa, einen möglichen evolutionären Weg auf der Basis eines Troodons, wären die Dinosaurier nicht vor 65 Millionen Jahren durch eine Umweltkatstrophe (wie auch immer!) untergegangen. Seine Forschungen deuteten darauf hin, dass es durchaus möglich wäre, dass diese Spezies ein ähnlich intelligentes Wesen mit humanoidem Körperbau entwickelt haben könnte, wie bei dem des Menschen. Ein denkbarer Vorfahr so eines Dinosauroiden könnte ein Troodon gewesen sein.

Bei dem Troodon handelt es sich um einen Dinosaurier mit großen Augenhöhlen, der möglicherweise nachtaktiv war. Zudem waren die Augen teilweise nach vorn gerichtet, was höchstwahrscheinlich bereits ein stereoskopisches Sehen möglich machte. Einige Wissenschaftler halten Troodon formosus für die am weitesten entwickelte Dinosaurierart und vermuten eine ähnliche Intelligenz wie bei den heutigen Vögeln. Der Dinosaurier besaß ein verhältnismäßig großes Gehirn (0,1 % des Körpergewichts) sowie große Nasenöffnungen, die auf einen ausgeprägten Geruchssinn hindeuten.

Abb. 4: Darstellung eines Troodons

Es wird angenommen, dass die Spezies zwei Eier gleichzeitig täglich oder über längere Perioden legte und diese durch Körper- und Erdwärme ausbrütete. Die Arme hatten drei Greifzehen, die Beine drei Zehen, wobei eine Zehe wie bei Deinonychus eine spezielle Reiß- oder Sichelzehe war. Seine Länge betrug 2,5 bis 3 Meter bei einem Gewicht von etwa 35 bis 45 kg.

Abb. 5: Dinosauroide auf der Basis des Troodon

Unwissentlich wies Russell damit auf eine reptiloide Spezies hin. Diese Spezies (Ihr Name ist für menschliche Stimmbänder beinahe unaussprechlich, deshalb nenne ich sie „Dinosauroide". Anm. des Autors) ist eine uralte reptilienartigen Rasse und ist die einheimische Art, denn sie lebt auf diesem Planeten seit Millionen von Jahren in der natürlichen Evolution und damit länger als die Menschen. Entstanden ist sie vor etwa 65 Millionen Jahren nach der großen Umweltkatastrophe.

Es wird allgemein behauptet, dass unsere Wissenschaftler keinerlei Spuren der Reptiloiden und ihrer Vorfahren gefunden haben. Lediglich viele Skelette primitiver Dinosaurier wurden entdeckt, aber nicht das eines fortgeschrittenen reptilartigen Wesens mit einem größeren Schädel und Gehirn und einer Hand mit einem Daumen. Das stimmt nicht, denn diese „großartigen" Wissenschaftler waren nicht in der Lage, die Skelette richtig zusammenzubauen, weil sie reptilienartige Tiere, nicht intelligentes Leben wiederherstellen wollten. Viele der Knochen von kleinen Sauriern in unseren Museen wurden völlig falsch zusammengefügt, weil man oft genug Knochen benutzte, die gar nicht zusammengehören, und die Restauratoren manchmal künstliche Knochen herstellten, wenn etwas fehlte, um ein Saurierskelett zusammenzusetzen. Eine Menge Wissenschaftler sind sich dieses Problems bewusst, aber sie trauen sich nicht an die Öffentlichkeit, weil sie es nicht erklären können, und deshalb behaupten sie, dass ihr Wiederaufbau eines Skeletts, das nur aus Fragmenten bestand, richtig ist. Beispielsweise wurden Knochen der „Dinosauroiden" für die Rekonstruktion von Iguanodons benutzt, wie die Hände mit dem sichtbaren Daumen.

Abb. 6: Grafische Darstellung eines Iguanodons

Ein Wissenschaftler in den Vereinigten Staaten hatte vor einigen Jahren ein Skelett der „Dinosauroiden" fast richtig aufgebaut, aber die Kommunalverwaltung (die teilweise der Existenz dieser Wesen gewahr ist) hat den Wiederaufbau beschlagnahmt. Da die Spezies seit zehntausenden von Jahren fast völlig unter der Erde lebt, werden auch keine Kadaver oder Skelette mehr von ihr zu finden sein.

Entwicklungsgeschichte des Lebens (Planet Erde)

Beg. vor Mio. Jahre	Zeit-Alter	Epoche	Lebensformen	
ca. 2	Erdneuzeit	Quartär	Auftreten des Menschen, Mammut, Riesenhirsch Pflanzen und Tiere der Eiszeit	Riesenhirsch Mammut
70		Tertiär	Pflanzen und Tiere nähern sich den heutigen Formen Blütenpflanzen	Titanotherium Hipparion
135	Erdmittelalter	Kreide	Niedergang der Saurier Laubhölzer und Gräser	Laubbaum Diplodocus
190		Jura	Hauptphase der Saurier, erste Vögel Nadelhölzer	Stegosaurus Archaeopteryx
220		Trias	Saurier, erste Säuger Riesenformen von Schachtelhalmen und Farnen	Plateosaurus Seelilie
280	Erdaltertum	Perm	Entfaltung der Wirbeltiere Erste Nadelhölzer	Stegocephalus (Amphibien), Nadelbaum
380		Karbon	Erste Reptilien und Amphibien Erste Wälder (Bärlappe, Schachtelhalme)	Insekt, Siegelbaum
410		Devon	Größte Mannifaltigkeit der Fische, erste Insekten Erste Baumfarne	Panzerfische
435		Silur	Panzerfische Erste Landpflanzen	Kopffüßler, Panzerfisch
500		Ordo-vicum	Erste Fische Meeres- und Süßwasseralgen	Rundmäuler (Fisch), primitive Schnecke, Muschel
600		Kam-brium	Leben nur im Meer, Wirbellose Meeres- und Süßwasseralgen	Trilobit, Qualle
5 - 6 Mill.	Erdurzeit	Prä-kambium	Entstehung des Lebens: Einfache Lebensformen wie Korallen, Bakterien, Algen	

Abb. 7: Zeittafel der irdischen Entwicklung

Auch auf der Erde ist die Evolution ein langwieriger Prozess, der sich Millionen und Abermillionen von Jahren hinzieht. Mit Hilfe der Zeittafel wird deutlich, welche Zeiträume die einzelnen Lebewesen (außer dem Menschen) auf der Erde überwinden mussten, um die derzeitige Form zu erlangen.

Wenn man sich heute in der Natur umsieht, findet man bei allen Säugetieren nur „moderne“ Lebensformen, egal auf welchem Kontinent sie leben. Es gibt zum Beispiel bei den Katzen keine alten Spezies wie Smilodon (Säbelzahntiger) neben der heutigen Entwicklungsstufe des Tigers. Selbst in Australien, das relativ isoliert von allen anderen Kontinenten ist, haben sich die Beuteltiere bis auf ganz wenige Ausnahmen zu einer modernen Form entwickelt. Lediglich der Urmensch (Aborigines) hinkt in seiner Entwicklungsstufe dem modernen Menschen um Jahrmillionen (normale Entwicklung, nicht beschleunigt) nach.

Wie sieht es allgemein beim Menschen aus? Hier existieren auf allen Kontinenten Menschentypen vom Urtyp bis zur heutigen „modernen“ Form nebeneinander.

Wenn man die Evolution des Menschen einmal genauer unter die Lupe nimmt, wird man feststellen, dass am Anfang der menschlichen Entwicklung etwas fehlt. Urplötzlich ist die Menschheit im Zeitgeschehen unseres Planeten aufgetaucht, ohne dass davor eine Übergangsphase vom Primaten zum Menschen existierte. Dieses fehlende Glied (Missing Link) suchen die irdischen Wissenschaftler noch heute.

Ära	Periode	Epoche	Ungefährer Epochenbeginn	Ursprung von Lebensformen
Känozoikum	Quartär	Gegenwart oder Holozän	10 000	Mensch 
		Pleistozän	1 600 000	
	Tertiär	Pliozän	5 200 000	Huftiere und Raubtiere 
		Miozän	23 300 000	
		Oligozän	35 400 000	
		Eozän	56 500 000	
		Paläozän	65 000 000	

Abb. 8: Zeittafel mit Auftreten des Menschen

Für alle Intelligenzen des gesamten Universums gilt: *Um aus einer primitiven Lebensform, die anfängt aufrecht zu gehen, ein intelligentes, moralisch denkendes und technisch (metaphysisch) orientiertes Lebewesen zu schaffen, benötigt die Natur eine Entwicklungszeit von etwa 60 bis 80 Millionen Jahre.*

Daraus folgert: *Es sein denn, die Evolutionssprünge einer Spezies, wie die des Menschen, werden durch gezielte Genmanipulation oder gesteuerte Mutationen von außerhalb extrem beschleunigt!* (Zitat der Reptiloidin Lacerta, einer Ureinwohnerin unserer Welt).

Innerhalb von kürzester Zeit, in knapp 100 Jahren, ist es der Menschheit gelungen vom primitiven Pferdefuhrwerk über das Auto und Flugzeug mit Raketen ins Weltall vorzudringen (Beispiel). Das entspricht nicht der normalen Entwicklung intelligenter Wesen. Demnach muss hier jemand in den Evolutionsprozess radikal eingegriffen haben.

Wir Menschen halten uns auf Grund unserer schnellen Entwicklung für äußerst intelligent, aber: *Die wissenschaftlichen Erkenntnisse der menschlichen Spezies gleichen dem Wissen von Kleinkindern, die staunend einem Ball nachsehen, der einen Berg hinabkullert und sich fragen, weshalb er nicht nach oben rollt.* (Zitat eines „Beschützers“)

1. Teil: Geschichte der Illojiim/Menschheit

Vor etwa 1,5 Millionen Jahren tauchte eine fremde Spezies mit gravierendem Einwirken auf der Bühne des irdischen Geschehens auf.

Spezies Illojiim:

- Ca. 140 Millionen Jahre alt
- Hochtechnologie mit Raumflotte seit etwa 60 Mio. Jahren
- Normale Entwicklungsstufe (Evolution)
- Mathematik und Metaphysik mit der Basis 12
- Kolonisationspolitik
- Gesamtbevölkerung mit Kolonisationswelten ca. 2,2 Milliarden
- Rohstoffknappheit, da wenig Reserven auf der Heimatwelt und in den Kolonien existieren

Individuen:

- Größe von 4,30 m bis 4,80 m
- Sechs Finger und sechs Zehen
- Grauweiße Hautfarbe, graublonde Haare, braunschwarze Augen (angepasst an ihre weißblaue Riesensonne)
- Lebenserwartung durchschnittlich 40.000 Jahre (Genmanipuliert)

Größenverhältnis:

Abb. 9: Mensch

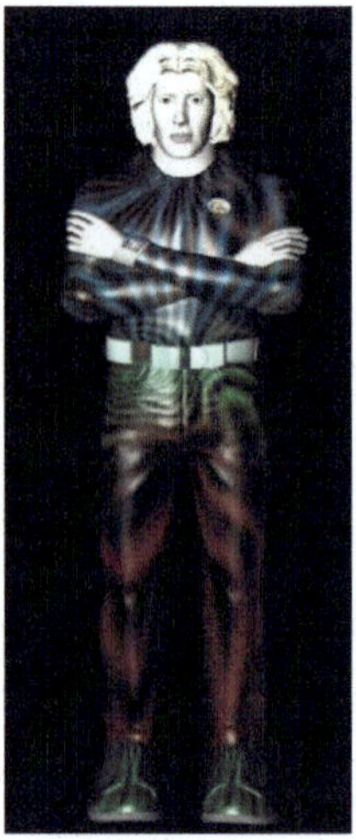

Abb. 10: Illojiim

Herkunft der Spezies Illojiim

Die Heimatwelt der Illojiim kreist um einen der blauen Riesen des offenen Sternenhaufens der Plejaden und ist etwa 380 Lichtjahre von unserer Sonne entfernt.

Abb. 11: Die Plejaden

Obwohl die irdischen Astronomen dem Sternhaufen nur ein Alter von etwa 125 Millionen Jahre zugestehen, sind die blauen Riesen wesentlich älter. Wäre das nicht der Fall, hätte sich dort keine technisch/metaphysisch fortschrittliche Zivilisation entwickeln können. Wie in vielen anderen Bereichen auch, irren sich hier unsere Wissenschaftler.

Das Sonnensystem mit der Heimatwelt Illojiima ist ähnlich aufgebaut wie das unsere. Allerdings besitzt die Sonne eine größere Anzahl an Trabanten, die sie, genau wie bei uns, in unterschiedlichen Bahnen und Entfernungen umlaufen. Auch deren Evolutionsprozess unterscheidet sich nur unwesentlich von dem auf unserem Planeten Er entspricht bei allen Lebewesen lediglich dem natürlichen (mehrere zehn Millionen Jahre währenden) Zeitraum.

Der Beginn

Die Verknüpfung der Illojiim mit unserer Geschichte geschah vor etwa 1,5 Mio. Jahre. Damals besaß ihre Spezies einen Stützpunkt auf dem achten Planeten einer roten Sonne, etwa 68 Lichtjahre von unserer Heimatwelt entfernt. Wir bezeichnen die rote Riesensonne, um die ihre Stützpunktwelt kreiste, Aldebaran.

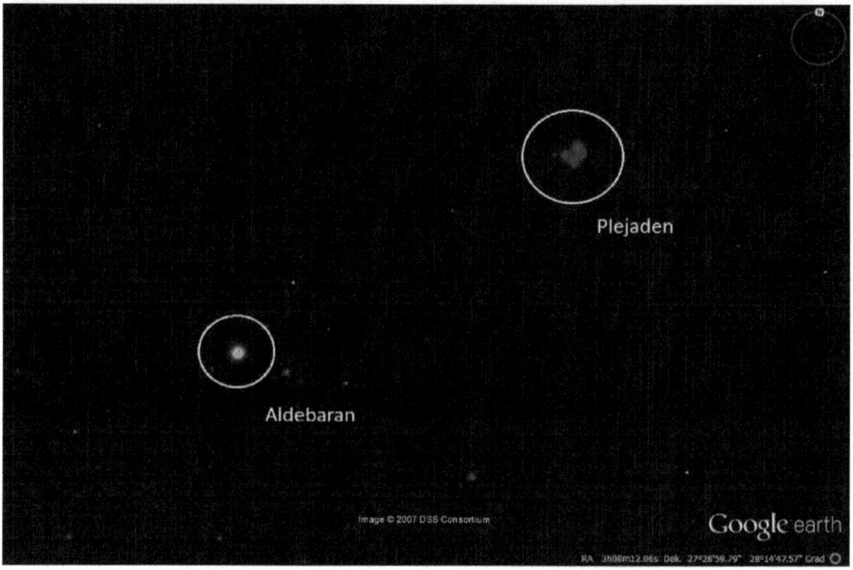

Abb. 12: Sternenkarte der Umgebung unserer Sonne mit Aldebaran und den Plejaden

Da fast jede Sonne Trabanten in unterschiedlicher Anzahl besitzt, weiteten die Illojiim zu diesem Zeitpunkt ihre Rohstoffsuche auch auf die Systeme kleinerer Sterne aus. Deshalb entsandten sie Forschungsraumer zu angrenzenden Regionen.

Eines ihrer Explorerschiffe wurde schnell fündig. Das entdeckte System, nicht besonders weit von ihrem Stützpunkt entfernt, enthielt eine Welt, die für sie ein Juwel war.

Der Planet war der einzige für sie vielversprechende im Umkreis von etwa 500 Lichtjahren, denn alles auf ihm entsprach dem Lebensraum und den benötigten Ressourcen der Illojiim. Die Zusammensetzung der Atmosphäre wich nur geringfügig von der ihrer Heimatwelt ab und die Vegetation war ebenfalls ähnlich, aber wesentlich jünger. Auch die Schwerkraft kam etwa der ihrigen gleich. Nur eins bedeutete für sie eine Gefahr; Die Sonne war für sie ein gelber Zwerg und die Strahlung damit für ihre Augen und Haut viel zu intensiv.

Abb. 13: Landung des Explorers in der afrikanischen Steppe

Trotz dieser Gefahr landete ihr Forschungsraumer auf einem der Hauptkontinente in der Nähe des Äquators. Sonden wurden ausgeschickt, die den gesamten Planeten auf seine Ressourcen untersuchten und in allen Regionen Bodenproben entnahmen.

Die Forscher analysierten die Proben und stellten fest, dass der Reichtum an Bodenschätzen enorm war und die Illojiim für eine lange Zeit hätte versorgen können.

Erze:

- Kupfer
- Platin
- Gold
- Silber
- radioaktive Metalle

Gase:

- Wasserstoff
- Edelgase

(Von der Wertigkeit der Rohstoffe steht für alle außerirdischen Zivilisationen Kupfer an erster Stelle, denn es wird für den Prozess der Kernfusion und einige andere wichtige Dinge benötigt, daher die Reihenfolge. Anm. d. Autors)

Kurz vor dem Abflug machten die Wissenschaftler jedoch mit einer speziellen Sonde, die auf DNA-Strukturen eingestellt war, eine außergewöhnliche Entdeckung. Es gab Primaten, primitive Affen, auf dieser Welt.

Abb. 14: Gorilla *Abb. 15: Orang-Utan* *Abb. 16: Schimpanse*

Einige Exemplare fingen die Forscher ein und untersuchten sie. Nachdem sie festgestellt hatten, dass deren DNA vielversprechend war, wurden weitere Primaten unterschiedlicher Typen eingefangen und in Käfigen an Bord des Explorers eingesperrt.

Zur genaueren Erforschung wurden sie zu ihrem Heimatplaneten gebracht. Dort besaßen die Illojiim bessere Möglichkeiten zur genauen Analyse, als die Forscher im Raumschiff.

Abb. 17: Transport der Primaten zur Heimatwelt der Illojiim

Die Situation der Illojiim

Für unsere Begriffe sind die Illojiim fast unsterblich. Die Individuen ihres Volkes besitzen ein Durchschnittsalter von etwa 40.000 unserer Jahre. Das erreichen sie selbstverständlich nicht auf Grund der Evolution sondern sie verdanken das ausschließlich ihrer Genforschung und der darauffolgenden Manipulation der eigenen Zellen.

Allerdings hatte die ganze Angelegenheit für sie einen immensen Nachteil; Ihr Volk wurde durch die Genmanipulation beinahe unfruchtbar. Nicht sofort, sonst hätten das ihre Wissenschaftler rechtzeitig registriert und etwas dagegen unternommen. Aber nein, das passierte nach und nach. Im Zeitraum von etwa 27 Millionen Jahren war der Entwicklungsprozess abgeschlossen. Nur wenige Kinder wurden in den nächsten Perioden geboren. Für sie bedeutete das eine Katastrophe, denn ihre Spezies war damit zum Aussterben verurteilt und so suchten die Wissenschaftler verzweifelt nach einem Ausweg.

Über 20 Millionen Jahre forschten sie, dann stand das vernichtende Ergebnis fest: Die Spezies der Illojiim war innerhalb von 30 Millionen Jahren endgültig zum Aussterben verurteilt, wenn sie nicht ein anderes Volk fänden, das ihnen mit seinen Genen bei der Rekonvaleszenz helfen konnte. Deshalb untersuchten ihre Explorer viele Welten nach dieser Möglichkeit. Doch ohne Erfolg.

Natürlich hat ein Volk, das über einen so langen Zeitraum wie sie in großem Maß Kolonisationspolitik betreibt, viele Feinde. Das war ein weiteres Problem. Auch dafür bot die Erde durch die Primaten möglicherweise eine Lösung mit einer kommenden Sklavengeneration, die man als Soldaten für die eigene Sache einsetzen wollte. Aus diesem Grund bedeutete die Entdeckung unseres Planeten für sie einen ungeheuren Glücksfall. Unverzüglich wurden die eingefangenen Primaten nach der Landung zur Untersuchung ins medizinische Zentrum transportiert.

Von der Fracht sonderten die Wissenschaftler sofort einige Pärchen aus und schafften sie in Laboratorien, um sie in speziellen Testreihen auf die Bedürfnisse ihrer Art zu überprüfen.

Die Untersuchung der Primaten ergab, dass deren Gene helfen konnten, ihre Spezies neu zu formieren. Etwas Besseres konnte ihnen nicht passieren, denn ihr Volk hatte endlich wieder Aussichten auf eine positive Zukunft.

Abb. 18: Analyse der Primaten

Den Resultaten der Laboruntersuchung nach passte alles optimal zusammen. Für die Illojiim gestattete der Fund der Primaten, neben der Rekonvaleszenz, sogar den Aufbau einer ihnen hörigen Sklavenrasse mit Kriegern gegen zukünftige Feinde.

Deshalb wurden von dem der Erde nahegelegenen Stützpunkt der Sonne Aldebaran zwei Raumkreuzer und ein Transporter ausgeschickt, um auf unserem Planeten genügend Primaten aller Gattungen einzufangen und zu ihrer Heimatwelt zu bringen.

Beschaffung von Primaten

Als die Raumschiffe unsere Welt erreichten, wartete jedoch eine Überraschung auf sie: Unbekannte Raumer kreisten im Orbit und einer davon kontaktierte das Führungsschiff. Es war eine reptiloide Art, die die Forscher empfing. Deren Vertreter stellen sich als die Urbevölkerung der Erde vor.

Abb. 19: Ankunft in unserem Sonnensystem

Zuerst waren die Illojiim über die Entwicklung schockiert, trotzdem wurden die freundlichen Grüße von den Forschern erwidert. Das Vorhaben mit den Primaten erwähnten sie dabei jedoch nicht. Sie baten um Landeerlaubnis und begann sofort nach der Landung mit ihren Erforschungen und der Suche nach den Primaten.

Abb. 20: Begrüßung durch die Reptiloiden

Nach einiger Zeit erkannten die Illojiim-Wissenschaftler, dass die Primaten den heimischen Reptiloiden völlig egal waren und beschlossen ihren Plan konsequent durchzuführen, ohne sie darüber zu informieren.

Aufgrund des Desinteresses an den Bodenschätzen, ergaben sich bald darauf keine weiteren sinnvollen Gespräche mit den Reptiloiden. Deshalb wurde die Kommunikation von Seiten der Illojiim komplett eingestellt und sie ignorierten deren Anwesenheit, auch wenn sie ständig von ihren Sonden beobachtet wurden.

Abb. 21: Suche nach den Primaten

Die Forscher fingen in den darauffolgenden Zeiteinheiten Primaten aller Arten ein. Jeweils zu Pärchen wurden die Tiere in dem Raumschiff in Käfige gesperrt und in die vorbereiteten Container verfrachtet. Als etwa 18.000 Primaten eingefangen waren, erfolgte der Start und man transportierte sie zur Ursprungswelt, Illojiima, dem sechsten Planeten ihrer Sonne.

Abb. 22: Transport der Container

Nach der Landung wurden die Container mit den Primaten unverzüglich zu den Laboratorien gebracht.

Dort wurden sie untersucht, ihre Gene verändert und sie entsprechend der wissenschaftlichen Aspekte programmiert.

Damit war das Projekt Menschheit geboren. Es dauert mit allen Fehlschlägen jetzt insgesamt 1,5 Millionen Jahre und ist noch nicht beendet.

Abb. 23: Modifikation

Die ersten Menschen

Aus primitiven Affen schufen die Illojiim-Wissenschaftler mit ihrer Genmanipulation über diverse Modifikationen eine neue humanoide Spezies, genannt Mensch.

Abb. 24 - Abb. 26: Umwandlungsprozess Primat zum Urmensch

Dieser Typus war angepasst an die gelbe Zwergsonne seiner Heimatwelt. Da er nicht mehr so behaart war wie sein Ursprung, besaß er zum Schutz gegen die Sonnenstrahlung nun eine Hautfarbe in dunkelbraun fast schwarz.

Eigenschaften der Genmanipulation

- Beschleunigte Entwicklung
- Technische Fähigkeiten
- Gesteigerte Aggressivität
- Reduzierung der Metaphysik
- Leichte Beeinflussbarkeit
- Gotteshörigkeit

Urmaterial und Genproben wurden für spätere Experimente eingelagert. Aber von den 18.000 Primaten waren nur noch einige hundert Exemplare übriggebliebenen. Diese brachten die Illojiim, jetzt als Urmenschen, zurück in ihre Heimat und überließen sie sich selbst.

Halbintelligent in ihrem Sinn und enorm entwicklungsfähig konnte der Urmensch nun einigermaßen folgerichtig denken. Damit war er fähig, das Feuer zu benutzen und primitive Werkzeuge herzustellen. Auch Waffen, denn die Wissenschaftler steigerten das Aggressivitätspotential und seine Selbstsucht.

In den nächsten 23.000 Jahren besuchten die Illojiim unsere Welt insgesamt sieben Mal, um den Fortschritt ihrer Zuchtobjekte zu beobachten. Jedes Mal kam es ihnen vor, als lebten die einheimischen Reptiloiden mit den Menschen friedlich zusammen.

Das war für ihre Wissenschaftler beunruhigend und durfte so nicht sein. Deshalb beschlossen sie das zu ändern, beschleunigten die Entwicklung und impften die Menschen daraufhin, dass die Reptiloiden böse seien. Diesen Gedanken prägten sie auch allen weiteren Modifikationen ein. Noch heute beherrscht uns diese Programmierung und wir begegnen allen reptiloiden und schlangenartigen Wesen mit Unbehagen und Misstrauen (Siehe die Bibel: Eva und die Schlange).

Das Ende der 1. Menschheit

Vor etwa 650.000 Jahren stellten die Illojiim fest, dass das Experiment nicht in ihrem Sinn verlaufen war. Die Menschen hatten sich nicht so entwickelt, wie es die Illojiim-Wissenschaftler geplant hatten und auch der genetische Code entsprach nicht den Erwartungen. Deshalb beendeten sie konsequent den Versuch. Mit Hilfe eines geeigneten Supervulkans in Nordamerika, des Yellowstone, erzeugten sie eine globale Katastrophe. Dadurch wurde fast alles Leben auf der Erde eliminiert.

Abb. 27: Vulkanausbruch des Yellowstone

Da zu diesem Zeitpunkt die heimischen Reptiloiden zum Schutz der Flora und Fauna der Erde bereits zum größten Teil in den Untergrund gegangen waren, existierten nur noch wenige Oberflächenanlagen, meistens Erholungszentren zur Regeneration.

Notgedrungen mussten die irdischen Ureinwohner ihre restlichen Oberflächenbauten aufgeben und zogen sich in ihre tiefgelegenen Höhlensysteme zurück. Die Verluste, die sie dadurch erlitten, erzeugte ihre Wut auf die Illojiim.

Abb. 28: Unterirdische Stadt der Reptiloiden („Dinosauroiden")

Seitdem herrscht Krieg. Nicht im üblichen Sinn mit gewaltigen Schlachten, sondern sobald sich ihre Raumschiffe begegnen, bekämpfen sie sich. Mal gewinnen die Reptiloiden, dann wieder die Illojiim.

Abb. 29: Begegnung im All

Die 2. Menschheit

Aus dem eingelagerten Genpool der irdischen Primaten wurde eine nachfolgende Art geschaffen. Wieder eine schwarze, diesmal aber wesentlich fortschrittlicher, als die erste.

Das Ergebnis des Experimentes war jedoch für die Illojiim genauso erfolglos wie das vorherige. Deshalb wurde es radikal vor 410.000 Jahren beendet, diesmal mit einer tödlichen Virenkultur. Allerdings griff diese auch auf die Reptiloiden über, die damit außerordentliche Schwierigkeiten hatten. Das steigerte deren Zorn auf die Illojiim.

Die 3. Menschheit

Alsbald wurde die nächste menschliche Art konstruiert und ihre Gene entsprechend programmiert.

Neben der schwarzen Urspezies entstand nun eine neue mit brauner Hautfarbe, da die Illojiim-Wissenschaftler den Primaten leicht modifizierte Genstrukturen ihrer eigenen Spezies einpflanzten.

Auch dieses Experiment erwies sich für die Illojiim als Fehlschlag, weil es unter den gleichen Voraussetzungen wie die beiden vorangegangenen durchgeführt wurde.

Innerhalb von knapp 180.000 Jahren wurde der Versuch, einen neuen Typ von Menschheit zu konstruieren, als gescheitert beurteilt, denn der gewünschte Erfolg blieb aus. Inzwischen zeigten sich die geschaffenen Kreaturen als teilresistent gegenüber den Todesviren, deshalb wurde diesmal eine biologische Waffe gebaut und ohne Bedenken eingesetzt. Zudem registrierten die Wissenschaftler, dass zu viele Menschen die letzte Aktion überlebt hatten. Das stellte den Erfolg des gesamten Projektes in Frage, so wurden die Bakterien universell eingesetzt, auch gegen die einheimischen Reptiloiden.

Nach dem Ende des dritten Experimentes entwickelten sich diverse politisch Strömungen im Reich der Illojiim.

Eine politische Gruppe verlangte die Rückführung zur ursprünglichen Art, eine andere wollte eine bedingungslos gehorchende Sklavenrasse, die dritte brauchte kompromisslos agierende Soldaten und die letzte wollte den Urmenschen Rechte als intelligente Lebewesen zugestehen. Jede dieser Gruppen verfolgte radikal die eignen Ziele.

Die 4. Menschheit

Nichtsdestotrotz wurde ein neuer Test durchgeführt. Er erwies sich jedoch ebenfalls als Fehlschlag, denn die Menschheit entwickelte sich nicht wie vorgesehen. Auch waren deren Gene noch nicht so gestaltet, wie die Spezies der Illojiim sie für ihre komplette Rekonvaleszenz benötigte.

Abb. 30: Wüstenplanet Erde

Durch eine von ihnen gesteuerte Umweltkatastrophe erzeugten sie daher vor etwa 110.000 Jahren eine globale Dürre. Unser Planet wurde in weiten Regionen zur Wüste. So eliminierten sie die vierte Experimentalmenschheit, wieder eine braune Spezies.

Abb. 31 Tod ganzer Stämme

Viele Geschöpfe, nicht nur die Menschen, verendeten durch die Dürre. Natürlich war deren Vernichtung, wie bei den vorherigen Menschheiten, nicht vollständig. Genauso wie alle anderen Lebewesen, überlebten einige der Zuchtobjekte die globale Katastrophe.

Eine große Auswanderung von den riesigen Wüstengebieten zu fruchtbaren Regionen begann. Die überlebenden Menschen, hauptsächlich die braunen, verbreiteten sich in vielen Gruppen auch auf den anderen Kontinenten.

Abb. 32: Exodus

Das Gleiche passierte schon bei den vorangegangenen Experimenten. Zudem lebten, neben den fortgeschrittenen Menschen, die von den Illojiim manipuliert waren, noch Überlebende der ursprünglichen weniger reifen Vormenschen der 1. Generation. Weil diese sich viel langsamer entwickelten, interessierten sie deren Wissenschaftler jedoch nicht und sie ließen sie in Ruhe.

Die 5. Menschheit

Im Reich der Illojiim war zu diesem Zeitpunkt ein neuer Krieg abzusehen, deshalb wurden kompromisslos agierende Soldaten gebraucht. So wurde eine neue menschliche Art vor 98.000 Jahren von den Wissenschaftlern konzipiert, diesmal mit weit mehr ihrer Genstruktur als vorher.

Nicht nur vom Wesen her war diese Art bedeutender, auch von der hellen Hautfarbe glich sie beinahe den Illojiim. Sie schufen mit dieser hellhäutigen Spezies einen immensen Evolutionssprung und gaben ihr die Möglichkeit zu einem gewaltigen technischen Aufschwung innerhalb kürzester Zeit. Zudem waren die einzelnen Individuen enorm selbstsüchtig, machthungrig und ungeheuer lernfähig.

Weitere genprogrammierte Eigenschaften gaben diesem Menschentyp wesentlich mehr Perspektiven:

- Extrem hohe Aggressivität
- Egoistisches Denken
- Erfindungsreichtum und hohes technologisches Verständnis, aber ohne metaphysikalische Fähigkeiten
- Schnelle Entwicklung
- Niedere Gottesfürchtigkeit
- Geringe Beeinflussung durch Suggestion

Unbemerkt von den noch mit sich selbst beschäftigten einheimischen Reptiloiden, brachten die von Schlachtschiffen beschützten Transporter die menschlichen Prototypen zur Erde.

Abb. 33: Transport zur Erde

Ein 2. Menschentyp parallel zur 5. Menschheit

Neben diesem Menschentyp entstand, gleichzeitig von einer anderen Gruppe der Illojiim-Wissenschaftler kreiert, eine zweite menschliche Art mit mehreren Modifikationen auf dem asiatischen Kontinent.

Abb. 34: Der „mongole" Menschentyp

Diese Art bekam spezielle Eigenschaften genprogrammiert:

- Hohe Gottesfürchtigkeit
- Devotes Auftreten mit Hang zum Dienen
- Leichte Beherrschbarkeit
- Leichte Beeinflussung durch Suggestion
- Starke Naturverbundenheit
- Bäuerliche Tendenzen
- Geringe metaphysikalische Fähigkeiten

- ➢ Geringer technischer Erfindungsreichtum, aber enorme Verbesserungsmöglichkeiten fremder Technologien

Es war ein Langzeitprojekt, wie die vier vorangegangenen, über mehrere Zehntausende irdischer Jahre. Deshalb war es für die Regierung der Illojiim zu diesem Zeitpunkt uninteressant und das bescherte dem Experiment eine ausgiebige Reifezeit.

Vor 74.000 Jahren (Festung Erde)

Für eine längere Zeit überließen die Illojiim die 5. Menschheit zwangsläufig sich selbst, weil sie andere, schwerwiegende Probleme zu bewältigen hatten. Erst danach flog eins ihrer Forschungsschiffe die Erde zur Überprüfung an.

Beim Systemeinflug zeigte die empfangene Telemetrie auf der Erde eine unerwartete Hochtechnologie. Obwohl sie für die Begriffe der Illojiim-Wissenschaftler relativ primitiv war, stufte der Kommandant des Explorers sie als gefährlich ein.

Auf Grund der erfassten Daten startete er so schon weit vom Ziel entfernt die Erkundungssonden.

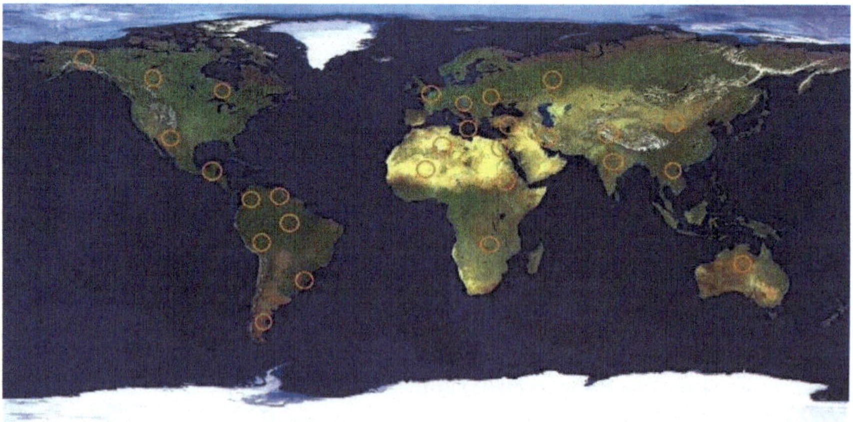

Abb. 35: Militärische Bereiche mit unterschiedlichen Aufgaben

Irgendwie musste ein Hinweis über die Illojiim bei den Menschen durchgedrungen sein oder die einheimischen Reptiloiden hatten sie über sie informiert. Jedenfalls war der irdische Planet gegen einen Angriff aus dem All vorbereitet worden.

Die Menschen hatten sich enorm schnell entwickelt und ihren Planeten beinahe zu einer Festung ausgebaut. Auf vielen Inseln und Kontinenten existierten Großraumüberwachungseinheiten, die den gesamten Planeten bis hin zur Exosphäre mit RADAR-Strahlen abdeckten.

Abb. 36: Großraumüberwachungsanlage

Unterirdische Zentralen, die in den Herzen der Kontinente oder zentral gelegenen Inseln erbaut worden waren, steuerten und kontrollierten alle Bereiche.

Abb. 37: Unterirdische Einsatzzentrale

Abb. 38: Städte mit Flughäfen und dort stationierten Militärmaschinen waren auf der ganzen Welt angelegt worden.

Raketenabwehranlagen und Strahlkanonen drohten von strategischen Punkten ins All. Des Weiteren hatten die Menschen gewaltige Bunkeranlagen auf dem größten Kontinent, nahe eines Binnenmeeres, geschaffen.

Abb. 39: Das Gebiet mit den Bunkeranlagen in der heutigen Türkei

Abb. 40 u. 41: Die unterirdischen Städte

Diese riesigen unterirdischen Städte sollten bei einem Angriff aus dem Weltraum einen Großteil der Bevölkerung aufnehmen.

Auf einem Hochplateau am südlichen Rand des gleichen Binnenmeeres, auf dem Ursprungskontinent der Menschheit, standen drei riesige Pyramiden. Die beiden großen waren ganz mit poliertem Kalkstein verkleidet und die äußere trug eine Hohlkugel aus Kupfer zum Erzeugen von statischer Energie, die man zum großen Teil ins Innere leitete.

Abb. 42: Die Energiekonverter auf der Hochebene von Gizeh

Dort wurde sie gespeichert und drahtlos über spezielle steinerne Pfeiler, genannt Obelisken, zu den Bedarfsträgern in aller Welt geleitet. Die Pfeiler waren überall auf dem Planeten errichtet.

Abb. 43: Obelisken in Ägypten aus Sandstein und Granit

Tagsüber reflektierte der polierte Kalkstein der Pyramiden das Sonnenlicht und nachts tobte die statische Energie der Hohlkugel als Blitzgewitter über der Ebene. Diese Pyramide diente der Energieerzeugung, die andere große als Telemetrie-Leuchtfeuer und Nachrichtentransmitter für ihre Raumschiffe.

Abb. 44: Start eines Raumschiffs der 5. Menschheit

Pyramidenanlagen wie im heutigen Ägypten, gab es auf allen Erdteilen. Manche Bauwerke überragten sogar die Zentralpyramide auf dem Ursprungskontinent.

Abb. 45: Pyramidenareal in Südamerika

Auch die einheimischen Reptiloiden waren nicht untätig gewesen. Inzwischen hatten sie Basen auf einigen Monden der großen Planeten errichtet und ihre Raumschiffe patrouillierten im gesamten Systembereich.

Abb. 46: Reptiloiden-Raumer in der Jupiterregion

Die Wissenschaftler der Illojiim erkannten sofort, dass hier eine gefährliche Entwicklung für ihr Volk entstanden war. Noch vor der Landung drehten sie um und flogen zurück nach Hause, um der Regierung zu berichten.

Unverzüglich beschlossen die Ratsmitglieder, die Gefahr zu beseitigen. Aufgrund der fortschrittlichen Technik auf der Erde entwickelten sie einen radikalen Plan. Daraufhin wurde eine Flotte von Schlachtschiffen und Transportraumern zur Erde entsandt.

Abb. 47: Abflug der Flotte

Im Meteoritengürtel zwischen unserem vierten und fünften Planeten wurden große Felsbrocken pulverisiert. Unter dem Schutz der Schlachtraumer sammelten die Großraumtransporter den Staub ein.

Abb. 48: Einsammeln der Staubteilchen

Mit einer Chemikalie angereichert, die die Atmosphärentemperatur der Erde extrem schnell um über 90 Grad absenkte, wurde das Staubgemisch über unserer Welt abgelassen. Gleichzeitig eliminierten die Schlachtschiffe mit Thermostrahlen und atomaren Bomben aus dem Orbit einige Großraumerfassungsstationen und die bodengestützten Abwehranlagen.

Abb. 49. Ablassen des Chemiestaubes

Ferner aktivierten Erdbebengeneratoren mehrere Vulkane auf allen Kontinenten und einen Supervulkan auf einer Insel. Die Vulkanasche sollte für einen großen Zeitraum die Atmosphäre trüben und damit unseren Planeten verdunkeln.

Abb. 50: Ausbruch des Toba-Vulkans

Durch diesen massiven Einsatz mehrerer temperatursenkender Mittel gelang es den Illojiim in Kurzem eine neue Eiszeit zu erzeugen, die unsere gesamte Welt beinahe von den Polen bis weit in die angrenzenden Landmassen mit einem dicken Eispanzer versah.

Abb. 51: Eine künstliche Eiszeit

Dabei eliminierte der Temperatursturz mit der starken Eisbildung nicht nur über die Hälfte der gesamten Menschheit, sondern auch fast alle noch auf der Oberfläche befindlichen Ansiedlungen der Reptiloiden. Zusätzlich wurden speziell konstruierte genabhängige Bakterien freigesetzt, die die menschlichen Körper auflösen sollten. Das tötete weitere 80 Prozent der übriggebliebenen humanoiden Lebewesen und beseitigte beinahe komplett ihre Spuren.

Den mongolen Menschentyp dezimierten die tödlichen Bakterien auf Grund leicht veränderter Genstruktur nur teilweise. Da aber dessen langsame bäuerliche Entwicklung und die geringe Bevölkerungszahl in diesem Augenblick für den Planeten bedeutungslos waren, stellte dessen Existenz für die Illojiim keine Bedrohung dar. Ihnen ging es zu diesem

Zeitpunkt lediglich um die Rekonvaleszenz ihrer Spezies und das Abwenden einer potentiellen Gefahr.

Für die Reptiloiden bedeutete es, dass von etwa 680 Millionen Individuen nur noch circa 470 Millionen in den unterirdischen Städten überlebten. Was dabei an Emotionen hinterlassen wurde war ihre grenzenlose Empörung über die außerirdischen Aggressoren und die Technologie der Menschen.

Das Resultat war nun ein heißer Krieg zwischen Illojiim und Reptiloiden, der ab diesem Zeitpunkt unerbittlich geführt wurde.

Spurenbeseitigung

Heimlich kehrten die Illojiim einige Zeit später zur Erde zurück. Sorgfältig bargen ihre Ingenieure alles, was an Technik zu finden war; einerseits um das Material weiterzuverwenden, andererseits um die Technologie und den Fortschritt ihrer genmanipulierten Zuchtobjekte zu studieren.

Abb. 52: Abbau einer Großraumüberwachungsanlage

Zudem wurden fast alle nichtmetallischen Konstruktionen zerstört, damit keine Rückschlüsse auf die Erbauer gezogen werden konnten.

Schließlich gab es auch noch andere intelligente Spezies im All, die auf ihr Projekt aufmerksam werden konnten.

Die Aktion konnte unbemerkt von den Reptiloiden durchgeführt werden, weil sie mit sich selbst beschäftigt waren.

Alles zu zerstören oder zu beseitigen gelang ihnen jedoch nicht. Deshalb blieben etliche Bauwerke übrig, wie die drei großen Pyramiden im Norden des Ursprungskontinentes.

Abb. 53: Die drei großen Pyramiden von Gizeh heute (mit den drei Königinnenpyramiden davor)

Weitere Pyramiden stehen in Europa.

Abb. 54: Die bosnischen Pyramiden heute (noch nicht komplett erforscht)

Einige große Pyramidenareale existieren in China und Südamerika.

Abb. 55: Die Pyramiden im Dschungel von Peru, bewacht von dem Indiostamm der Machiguenga

Des Weiteren stehen auf allen Kontinenten mehrere Steinkreise als Überbleibsel der Sockel von Überwachungsstationen, die inzwischen als astronomische Anlagen oder Tempel der Ureinwohner von unseren Wissenschaftlern zugeordnet worden sind.

Abb. 56: Steinkreis (England)

Obwohl sicherlich einige Forscher die künstlichen Gesteinsverschmelzungen bei den oberen Steinplatten an den Zapfen registriert haben, konnten sie die technologischen Zusammenhänge nicht erkennen. Bis heute verlief alles so, wie von den Illojiim erwartet.

Zurück blieben ebenfalls die gewaltigen Bunkeranlagen, die für Millionen von Menschen angelegt worden waren. Auch darin entfernten sie alle Hinweise auf eine Hochtechnologie.

Die Anlagen in den unterirdischen Zentralen demontierten sie und beseitigten somit überall die Spuren der 5. Menschheit. Zurück blieben nichts als unidentifizierbare Steinbauten. Deshalb geben sie uns immer noch Rätsel auf.

Abb. 57: Bunkerstadt

Abb. 58: Kommandozentrale

Da sich die nächsten Generationen der einheimischen Urmenschen und die neuen Zuchtobjekte auf Grund der Genprogrammierung nicht an den Ursprung erinnern konnten, war es den Illojiim gleichgültig. Im Nachhinein erklärten die Urmenschen diese Relikte zu Heiligtümern oder Tempelanlagen. Damit war für die Illojiim der Tarnung Genüge getan.

Die 6. Menschheit (Atlantis)

Ungeachtet der Gefahren durch die irdischen Reptiloiden konstruierten die Illojiim-Wissenschaftler eine neue menschliche Spezies für unsere Welt. Wieder war es eine Mischung aus ihren Genen und denen der braunen Menschen mit folgenden Charaktereigenschaften:

- gesteigerte Aggressivität

- egoistisches, objektbezogenes Denken und Handeln
- technologisches Verständnis ohne metaphysikalische Fähigkeiten
- leichte Beeinflussbarkeit
- hohe Gottesfürchtigkeit

Vor 48.000 Jahren brachten sie diese auf die Erde. Die Wissenschaftler siedelten ihre Erzeugnisse auf einer großen Insel an, genannt Atlantis, nahe der Mitte eines Doppelkontinentes. Dort bot sich für die Menschen die beste Möglichkeit, in kürzester Zeit ohne große Störungen eine Zivilisation nach Illojiim-Vorgaben zu entwickeln.

Abb. 59: Die Küste im Südwesten Kubas und das heutige Bimini-Gebiet waren das Ziel

Zum Schutz der Transporter mussten die Illojiim nun massiert Schlachtschiffe wegen der Reptiloiden einsetzen. Immer öfter attackierten diese ihre Raumer.

Das einzige, was sie verwunderte war, dass die Reptiloiden als Urbevölkerung des Planeten, ihre Aufzuchten beobachteten, aber sonst in Ruhe ließen. Entweder interessierten sie die Menschen nicht besonders oder sie betrachteten sie als ungefährlich. Schließlich hatten die Illojiim das Gehirn ihrer Zuchtexemplare so manipuliert, dass deren parapsychische Fähigkeiten unterdrückt wurden und sie leicht beeinflusst werden konnten. Gleichermaßen waren sie dadurch nicht fähig, metaphysische Vorgänge und dementsprechend eine derartige Physik und Mathematik zu begreifen. Trotzdem waren sie in der Lage, eine Technologie im Rahmen ihrer Möglichkeiten aufzubauen.

Abb. 60: Die Stadt Atlantis

Vor etwa 12.000 Jahren brachen die Illojiim das Experiment als gescheitert ab, weil mehrere Faktoren zusammentrafen:

1. Die Technologie der Menschen hatte sich nicht wie vorgestellt entwickelt, denn ihre Schöpfer brauchten schnell eine aggressive Sklavenrasse, die sie nicht nur gegen die Reptiloiden, sondern auch andere Völker im All verteidigte.

2. Der Widerstand vieler ihrer eigenen Bevölkerungsgruppen gegen das Experiment wuchs und es drohte ein Krieg im eigenen Reich.

3. Einige Wissenschaftler arbeiteten an separaten Zuchtprogrammen, die zudem ihr Volk entzweiten.

Um das Projekt zu beenden, wurde auf unserem Planeten erneut eine Umweltkatastrophe initialisiert. Die Illojiim-Laborkreuzer, geschützt durch eine Flotte von Schlachtschiffen, heizten mit Mikrowellenstrahlung die Atmosphäre auf.

Die Eisschollen, die noch weit in die Kontinente hinein ragten, schmolzen. Gigantische Regenwolken entstanden und zogen, ihre Wassermassen herabstürzen lassend, um unsere Welt.

Abb. 61: Thermische Energiestrahlen schmelzen den Eispanzer

Nach knapp einer Woche war der Meeresspiegel um über achtzig Meter angestiegen und überspülte die tiefgelegenen Gebiete. Weiterhin zerstörten gesteuerte Riesenflutwellen (Tsunamis), ausgelöst durch schwere Erdbeben, überall bis tief ins Landesinnere alle menschlichen Ansiedlungen.

Abb. 62: Riesenwellen rasen auf Atlantis zu

Damit wurde auch der Inselstaat Atlantis abgesenkt und überflutet. Von dem einstigen Minikontinent blieben nur noch Inseln übrig. So starb der größte Teil der sechsten Menschheit.

Natürlich wurden wiederum die einheimischen Reptiloiden in Mitleidenschaft gezogen. Auch sie starben in den Fluten, weil ihre Erholungszentren an den Küsten einiger Inseln auf der Höhe des Meeresspiegels am Äquator lagen.

Was die Illojiim bei der Aktion verwunderte war, dass die Reptiloiden nicht eingriffen. Sie schrieben den Erfolg ihrem Massenaufgebot an Raumschiffen zu.

Die 7. Menschheit, ein neuer weißer Typus (das aktuelle Experiment)

Mittlerweile hatten die Illojiim-Wissenschaftler die letzten Exemplare der fünften Menschheit modifiziert. Zusätzlich waren den Genen weitere Elemente einprogrammiert worden:

- Immens schnelle Entwicklung
- Extrem hohe Aggressivität und Brutalität
- Egoistisches Denken und Handeln
- Minderes Sozial- und Umweltbewusstsein
- Profitgier und starkes Machtbestreben
- Erfindungsreichtum und hohes technologisches Verständnis
- Keine bzw. mindere metaphysikalische Fähigkeiten
- Außergewöhnliches Populationsbedürfnis
- Ausgeprägte Gottesfürchtigkeit
- Leichte geistige Beeinflussung

Das alles sollte dazu dienen, dass die Illojiim innerhalb der nächsten fünftausend Jahre, neben der für sie kompatiblen Gene, eine Sklavenrasse erhielten, die ihren Bedürfnissen gerecht sein würde. Weiterhin versuchten sie den Menschen ihre Rechenstruktur mit der Basis 12 beizubringen. Was ihnen bis heute nur bei wenigen Exemplaren gelungen ist.

Damit die Reptiloiden dieses Projekt nicht registrierten, siedelten sie vor etwa 9.000 Jahren unbemerkt ihre Zuchtexemplare in unterschiedlich großen Gruppen auf allen Kontinenten an. Aber lediglich die weißen Menschen auf dem größten Kontinent (Eurasien) bewiesen Durchhaltevermögen.

Zu diesem Zeitpunkt erfolgte die Abspaltung einer radikalen Gegenbewegung der bestehenden Politik. Diese Illojiim-Gruppe wandte sich gegen das Menschheitsprojekt, weil sie es zum einen für ineffektiv hielten und zum anderen der Meinung waren, keine Sklavenrasse zu benötigen. Zudem wollte sie die Rechte der Zuchtspezies stärken. Deshalb ließen sie vor ca. 8.000 Jahren insgeheim drei geeignete Planeten in entfernten Sonnensystemen für Exemplare der neuen Menschheit einrichten.

Vor etwa 7.500 Jahren (Exodus einiger irdischer Stämme)

Lange bevor die Illojiim-Wissenschaftler unseren Planeten zur Ernte aufsuchten, entführten die Separatisten von dort mehrere Sippen und siedelten sie auf den ausgesuchten Welten an. Sie versorgten sie mit dem Nötigsten und förderten über weitere Genmanipulationen ihre Fruchtbarkeit und ihren Erfindungsreichtum. Einige von ihnen schulten sie, so dass die entführten Menschen innerhalb weniger hundert Jahren eine technologische Zivilisation entwickelten, die bei weitem die Vorstellung der abtrünnigen Wissenschaftler sprengte.

Vor ca. 6.000 Jahren (Aufrüstung der Illojiim-Flotte)

Als die vorgegeben Zeitspanne, die man der 7. Art zugestanden hatte, beinahe verstrichen war, bauten die Ingenieure über der Hauptwelt der Illojiim drei gigantische Raumstationen, die mit vier Sechsteln der gesamten Flotten unseren Planeten aufsuchen sollten. Die Streitmacht hatte die Aufgabe, alle aktuellen und auch die vorherigen Zuchtobjekte einzufangen und nach Illojiima zu bringen. Dort wollte man sie trainieren und für ihre Aufgaben, als Soldaten oder Arbeitssklaven, vorbereiten. Zudem war es an der Zeit, das nun vollkommene Genmaterial für die eigene Spezies zu nutzen, denn das bisherige Produkt der Forschung war sehr unzulänglich und konnte nur über eine begrenzte Zeit eingesetzt werden. Ständig musste man es modifizieren, damit es hilfreich war.

Abb. 63: Die Raumstationen mit der Flotte über Illojiima

Natürlich waren die radikalen Separatisten damit nicht einverstanden und rüsteten zu einem Krieg gegen ihr eigenes Volk. In einer geheimen Werftanlage, auf einem der Monde ihres Heimatsystems, ließen sie ihre Transportraumer und Laborkreuzer zu Kampfschiffen umbauen. Danach warteten sie darauf, dass die Flotte zur Erde flog.

Vor ca. 4.900 Jahren (Erntezeit auf der Erde)

Nachdem die die nun fertigen Raumstationen für das Unternehmen ausgerüstet waren, brachen sie mit dem größten Teil der gesamten Flotte zur Erde auf.

Nur wenige Zeiteinheiten später erschienen die Raumschiffe mit den drei Raumstationen über unserer Welt und nahm ihre Position im Orbit ein. Die ersten Forschungseinheiten begannen die Oberfläche zu untersuchen. Einige Tage später stand das Ergebnis fest: Die Zuchtobjekte waren zur Ernte bereit.

Abb. 64: Ankunft der Illojiim-Flotte und Raumstationen im Orbit

Geeignete Maschinen konstruierten in den nächsten Wochen auf höhergelegenen Ebenen und Plateaus vorgefertigte Verladestationen für die Transportraumer und Landebahnen für Lastengleiter.

Abb. 65: Bodenstation zum Verladen der Zuchtobjekte

Kaum waren sie fertiggestellt, luden die ersten Gleiter die Container zum Abtransport der Züchtungen neben den Landebahnen ab.

Abb. 66: Absetzen der Container an den Verladestationen

Zu diesem Zeitpunkt erschienen die Kampfschiffe der einheimischen Reptiloiden im Orbit.

Abb. 67: Auftauchen der Reptiloiden

Krieg der Götter

Schlagartig tobte der Krieg über unserer Welt. Raumschiffe explodierten auf beiden Seiten und zum ersten Mal in der langen Geschichte der

Illojiim standen sie einer Macht gegenüber, die ihnen ebenbürtig war. Anfangs errang ihre Flotte noch einige Erfolge, aber im Nachhinein betrachtet, stellten sie fest, dass die Reptiloiden im Gegensatz zu ihnen, auf diesen Krieg ausgezeichnet vorbereitet waren.

Abb. 68: Die Schlacht über der Erde

Von den Illojiim eingesetzte Schall- und Nuklearwaffen konnten lediglich die Oberflächenbauten eliminieren, aber die tief im Untergrund erbauten Städte der Reptiloiden waren sicher.

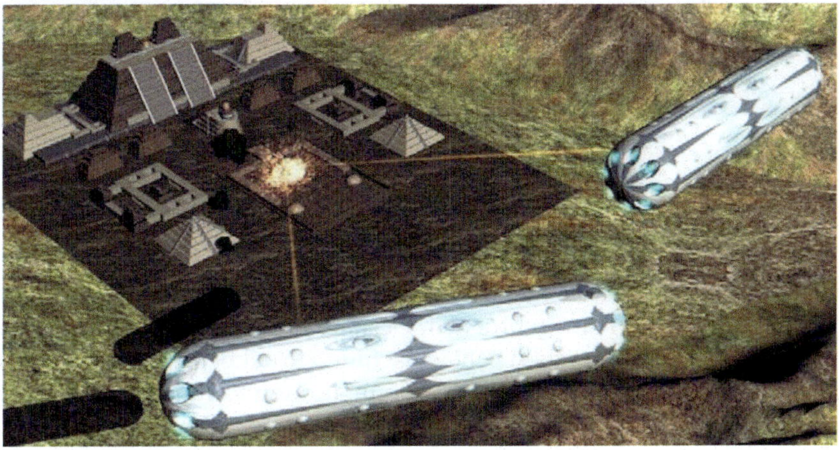

Abb. 69: Beschuss der Oberflächenanlagen

Zudem operierten deren Schlachtraumer aus gut getarnten Berghangars, an die die Aggressoren nicht herankamen. Aber überall, wo die Illojiim Anlagen der Reptiloiden vermuteten, schlugen sie mit aller Härte zu. Ganze Städte vergingen im Atomfeuer Ihrer Sprengköpfe.

Doch wie sie die wenigen Oberflächenanlagen der Einheimischen eliminierten, zerstörten diese fast überall ihre Bauwerke.

Nachdem es den Reptiloiden gelungen war, die drei riesigen Raumstationen zu vernichten, zerstörten die Illojiim ihre übriggebliebenen Bauwerke auf der Erde und verschwanden mit dem Rest ihrer Flotte von einem Tag zum anderen.

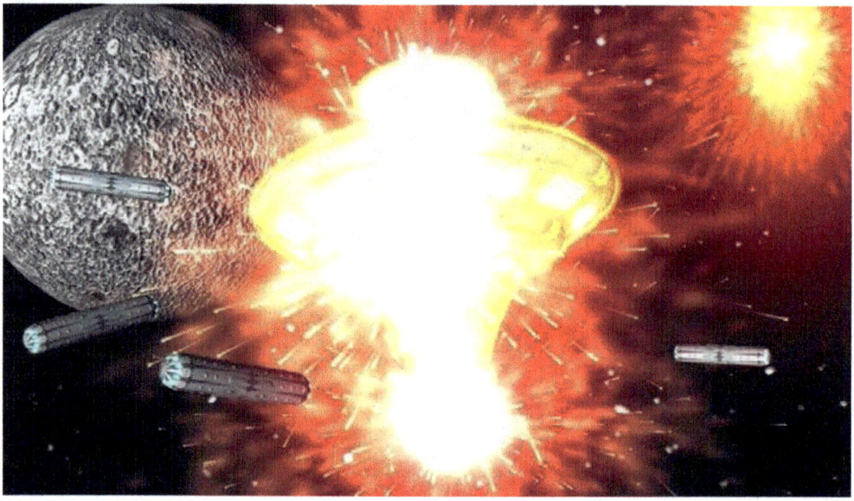

Abb. 70: Zerstörung der Raumstationen

Bürgerkrieg im Reich der Illojiim

In ihrem eigenen Reich war ein Bürgerkrieg zwischen der Heimatwelt und den Separatisten ausgebrochen. Deshalb hatte die Regierung zu diesem Zeitpunkt alle restlichen Schlachtschiffe zurückbeordert. Das gleiche galt auch für die Raumschiffe und Illojiim auf den Kolonialwelten. Aldebaran 8 ist seitdem aufgegeben.

Der Krieg untereinander hatte für die Separatisten schwerwiegende Folgen, denn ihre Hauptwelt wurde vernichtet, genauso wie die Planeten der von ihren angesiedelten Menschen.

Seit diesem Zeitpunkt ist noch kein Illojiim auf der Erde aufgetaucht. Auch keins ihrer Raumschiffe wurde im irdischen Sonnensystem gesichtet.

Die Illojiim haben umständehalber unser Sonnensystem verlassen. Das heißt aber nicht, dass sie ihr Projekt aufgegeben haben und niemals mehr wiederkehren!

Für unser Empfinden ist von ihnen ungeheuer viel Zeit und Energie aufgewendet worden, um eine Sklavenrasse mit ihren Eigenschaften auf einer anderen Welt zu erschaffen. Möglicherweise wollen und müssen sie aus genetischer und militärischer Notwendigkeit immer noch die Früchte ihrer jahrhunderttausende währenden Bemühungen ernten. Darauf sollten wir vorbereitet sein!

Des Weiteren sollten wir nicht auf das erneute Eingreifen der irdischen Urbevölkerung (die Reptiloiden) hoffen. Diesmal werden sie uns nicht helfen, denn Erstens interessieren wir sie nicht und Zweitens zerstören wir zurzeit mit unserer Profitgier ihre Heimatwelt!

Illojiim-Projekt Menschheit (Zusammenfassung)

Die 1. Art (vor 1,5 Mill. Jahren bis vor 650.000 Jahren); schwarzer, negroider Typus I mit mehreren Modifikationen (Zentralafrika)

Aus einfachen Primaten schufen die Illojiim den Menschen und stellten nach Jahrhunderttausenden fest, dass das Experiment nicht in ihrem Sinn verlaufen war. Konsequent beendeten sie es. Mit Hilfe eines geeigneten Supervulkans in Nordamerika, dem Yellowstone, erzeugten sie eine globale Katastrophe mit starken Erdbeben und gewaltigen Tsunamis. Dadurch wurde fast alles Leben auf der Erde eliminiert. Trotzdem gab es auf dem afrikanischen Kontinent Überlebende in kleinen Gruppen.

Die 2. Art (vor 640.000 Jahren bis vor 410.000 Jahren); schwarzer, negroider Typus I, erneut modifiziert (Ost- bis Westafrika)

Nachdem die Illojiim feststellten, dass ihr zweites Experiment nicht funktionierte, wurde es durch eine Virenkultur vernichtet, die nur für die Menschen dieser Art spezialisiert war. Wie bei allen Infektionen gab es auch hierbei Überlebende, die sich in neuen Gebieten ansiedelten.

Die 3. Art (vor 400.000 Jahren bis vor 220.000 Jahren); etwas heller, deshalb schwarzer, negroider Typus II. (mittleres Nordafrika)

Ebenso wie das vorherige erwies sich dieses Experiment für die Illojiim als Fehlschlag, da es unter den gleichen Voraussetzungen wie die beiden vorangegangenen durchgeführt wurde.

Inzwischen zeigten sich die geschaffenen Kreaturen als teilresistent gegenüber den Todesviren, deshalb wurde diesmal eine biologische, genabhängige Waffe konstruiert und eingesetzt. Aber genauso wie früher gab es bei dieser Vernichtungsaktion überlebende Gruppen auf dem afrikanischen Kontinent.

Die 4. Art (vor 210.000 Jahren bis vor 110.000 Jahren); brauner Typus I (Nordafrika)

Aus dem vorhandenen Genpool, wurde nun ein neuer Typus mit stark modifizierten Genstrukturen der Illojiim geschaffen, aber nichtsdestotrotz mit beinahe den gleichen Eigenschaften, wie die drei vergangenen Arten.

Das Experiment erwies sich ebenfalls als Fehlschlag und wurde durch eine globale Umweltkatastrophe beendet. Für einen kurzen Zeitraum erzeugten die Illojiim eine extreme Dürreperiode auf der Erde, die fast den ganzen Planeten, aber hauptsächlich Afrika, betraf. Jahrhundertelang gab es keinen Regen. Der Grundwasserspiegel sank um etliche Meter und viele der Flüsse versiegt. Deshalb verdorrten fast alle Pflanzen und ein Großteil der Menschen und Tiere verendeten.

Während die überlebenden schwarzen Menschen in ihrer afrikanischen Heimat verblieben, zeigte sich die braune Art als überaus widerstandsfähig und wanderte teilweise aus Nordafrika aus. Dadurch verbreitete sich dieser Typ des Menschen in kleinen Gruppen auf allen Kontinenten.

Die 5. Art/I (vor 98.000 Jahren bis vor 74.000 Jahren); hellbrauner, fast weißer Typus I (Amerika, Nordafrika und Europa)

Nun wurde eine neue Art von Mensch aus dem ursprünglichen Genpool kreiert, diesmal mit speziellen Genen der Illojiim. So entstand die erste weiße Art.

Dieser Typus war extrem lernfähig konstruiert und ungemein technisch ausgerichtet. Innerhalb kürzester Zeit gelang ihm eine Entwicklungsreife, die die Illojiim im Nachhinein stark beunruhigte.

Die 5. Art/II (vor 98.000 Jahren bis heute); hellbrauner, fast weißer, mit leicht olivfarbener Haut, Typus I, geringfügig unterschiedliche, mongoloide Modifikationen (Mittel- und Ostasien)

Dieser Typus war ebenfalls aus dem ursprünglichen Genpool geschaffen worden, mit den gleichen Genstrukturen, wie die spezielle weiße Art, aber ganz anderen Charaktereigenschaften.

Als reine Sklavenrasse war sie gedacht und entsprechend programmiert. Sie besaß bäuerliche Tendenzen, ein devotes Auftreten mit Hang zum Dienen und hatte einen geringen technischer Erfindungsreichtum, aber enorme Verbesserungsmöglichkeiten fremder Technologien. Dieses Experiment war jedoch wegen der langen Reifedauer für die Regierung der Illojiim uninteressant.

Als die Illojiim vor 74.000 Jahren feststellten, dass ihnen ihr weißes Experiment zu gefährlich geworden war, eliminierten sie es radikal durch eine gesteuerte Eiszeit.

Innerhalb weniger Tage reduzierten sie mit Chemikalien und dem Ausbruch eines Großvulkans, des Toba auf Sumatra, die globale Temperatur so weit, dass Nord- und Südhalbkugel der Erde beinahe bis zum Äquator zufror. Stellenweise senkten sie in einzelnen Gebieten die Temperatur innerhalb von Sekunden um über 90 Grad, so dass Menschen und Tiere schockgefroren. Anschließend wurde eine kurzlebige Bakterienkultur auf die weißen Menschen losgelassen, die innerhalb weniger Tage den kompletten Körper (Fleisch und Knochen) zersetzte und nichts übrig ließ. Diesmal war der Erfolg nahezu hundertprozentig.

Allerdings betraf das nicht die (genmodifizierte) mongoloide Art. Zudem war in ihrer Region die Eiszeit nicht ganz so extrem, daher überlebte ein Teil, genauso wie Gruppen der vorigen Menschentypen, schwarze und braune.

Die 6. Art (vor 48.000 Jahren bis vor 12.000 Jahren); brauner Typus II (Kuba und Bimini-Region)

Als nächstes wurde erneut aus dem Urmaterial der irdischen Primaten eine Variante des Menschen erschaffen. Diesmal war es wieder ein brauner Typ, allerdings mit anderen Eigenschaften als der ursprüngliche. Er war eine Mischung zwischen weißer Art I und der schwarzen Art II. Die Eigenschaften entsprachen aber mehr dem braunen Typus I.

Dieser Mensch entwickelte sich jedoch nicht so, wie sich die Illojiim das erhofft hatten. Deshalb beendeten sie seine Existenz mit einer ungeheuren Flut, die durch das von ihrer Flotte durchgeführte Abschmelzen mit thermischen Energiestrahlen der gewaltigen Eismassen erzeugt wurde.

Jahrhunderte lang regnete es ununterbrochen und der Meeresspiegel stieg um über 100 Meter. Des Weiteren schufen sie unterseeische Erdbeben, die die Landmassen teilweise absenkten und gewaltige Tsunamis erzeugten, die überall bis weit ins Landesinnere rollten.

Die 7. Art (vor 9.000 Jahren bis heute); weißer Typus II, der aktuelle Mensch (Europa und angrenzende Regionen)

Ein neuer Menschentyp wurde konstruiert und ihm wurden weitaus mehr genspezielle Eigenschaften der Illojiim mitgegeben, als jeder anderen Art.

Dieser Mensch besaß jetzt eine außergewöhnliche helle Hautfarbe, beinahe wie die der Schöpferspezies und war mit immensen zerstörerischen und egoistischen Charaktereigenschaften ausgerüstet worden.

So sollte eine schnelle Entwicklung erreicht werden, damit die Illojiim in wenigen Jahrtausenden für ihren Gebrauch auf diese Art zugreifen konnten. Brutale, rücksichtslose Soldaten und hörige, gottesfürchtige Sklaven benötigten sie für ihre Ziele. Weiterhin waren ihre Forschungen nun in der Rekonvaleszenz ihrer Spezies endlich soweit, unsere Gene für sich mit Erfolg einsetzen zu können.

Vor 4.900 Jahren wollten sie diesen Planeten abernten und ihre Erzeugnisse einsammeln. Doch es kam anders und sie mussten unsere Welt notgedrungen verlassen. Nur deshalb ist die Erde zurzeit mit über 7 Milliarden Menschen bevölkert. ***Viel zu viele Menschen für eine so kleine Welt. Das war nie geplant!***

Abb. 71: Konstruierte Evolution

Die Illojiim brauchen den Menschen für die Gesundung ihrer Spezies, für ihre Kriegsführung und als hörige Sklaven. Denn nur dafür wurden wir von ihnen geschaffen. Irgendwann werden sie deshalb zu uns kommen, um auf ihre Erzeugnisse zuzugreifen.

Raumfahrt und außerirdische Zivilisationen

Natürlich klingt die Geschichte wie an den Haaren herbeigezogen oder wie ein SF-Roman, doch dem ist nicht so. Mit unserem von den Illojiim konditionierten Gehirn ist es nicht möglich in übergeordneten (metaphysischen) Bahnen zu denken. Zudem sind wir nicht in der Lage über einen Zeitraum von 9.000 Jahren hinausgehend gefundene technologische Artefakte in unserer Evolution einzuordnen. Alle Bauten auf unserer Welt (Pyramiden, Megalith-Bauwerke, usw. ob überirdisch oder unterirdisch), werden von den Wissenschaftlern innerhalb einer Zeitspanne von heute bis irgendwann vor etwa 9.000 Jahren eingeordnet, ob es passt oder nicht. Anders lautende Daten werden kategorisch abgelehnt oder lächerlich gemacht, sofern sie nicht in der Versenkung verschwinden, weil sie außerhalb unseres programmierten Denkschemas liegen. Das gilt nicht nur für archäologische Funde, sondern auch für den Bereich außerirdischer Zivilisationen und die metaphysikalischen Aspekte der Raumfahrt.

Mit unserer primitiven Physik können die irdischen Wissenschaftler keiner außerirdischen Zivilisation überlichtschnelle Raumschiffe zuordnen. Man theoretisiert hierbei von „Wurmlöchern" zur Abkürzung von intergalaktischen Entfernungen, Warpantrieb (Star Trek), von einem „gewaltsamen" Durchbruch des „Hyperraums" (sogenannten „Transitionen", oder speziellen Überlichttriebwerken mit Eigenschaften wie in der Perry-Rhodan-Serie bezeichnet als „Linearflug") oder das Fliegen im Rahmen der Zeitdilatation u. a.. Das es möglich ist, mit Hilfe der Metaphysik (die irdische Wissenschaft hat hierfür den Begriff „Quantenphysik" geprägt) über willkürlich geschaffene „Raumzeittore" innerhalb von Sekundenbruchteilen von einem Ort im Universum zum anderen ohne Zeitveränderung zu gelangen, kann sich niemand auch nur im Geringsten vorstellen.

Gravitationsantriebe, die dafür vorgesehen sind, gibt es offiziell nicht, obwohl das US-amerikanische Militär mittlerweile mehrere ultrageheime Flugmaschinen (Modelle der TR-3B/C/D, „ASTRA", sowie die TR6, „TELOS") mit einem derartigen Triebwerk auf der Erde und im Weltraum im Einsatz hat.

Trotzdem diese Flugapparate bereits mehrfach gefilmt und auch von den Abfangjägern unterschiedlicher Staaten verfolgt wurden, wird die Existenz dieser Maschinen kategorisch dementiert. Man schreibt deren Auftreten dem allgemeinen UFO-Phänomen zu, um das Projekt weiter im Geheimen durchzuführen.

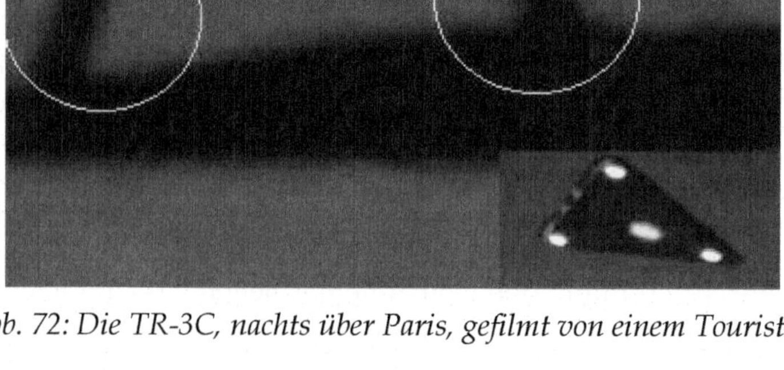

Abb. 72: Die TR-3C, nachts über Paris, gefilmt von einem Touristen.

Die gelben Kreise im großen Bild weisen auf das doppelte Seitenleitwerk der Maschine hin, das nur bei irdischen Fluggeräten für den Atmosphärenflug eingesetzt ist. Neben der dreieckigen Form, die keine außerirdische Zivilisation benutzt, gibt es bei deren Raumfahrzeugen so etwas nicht.

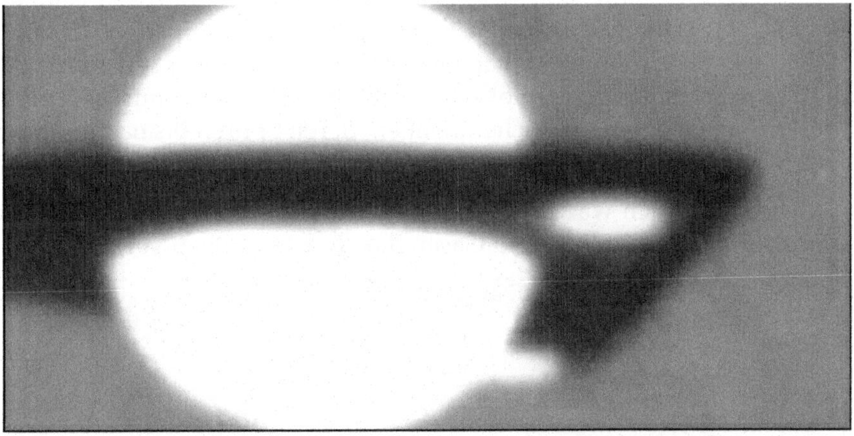

Abb. 73: Das Bild zeigt den Start des Gravitationsantriebes, der zu dem anschließenden Abflug der TR-3C führte.

2. Teil: Beweise

Geologische Zeitabschnitte mit bekannten Daten

Vor ca. 650.000 Jahren (Ausbruch des Yellowstone-Vulkans)

Die gewaltige Explosion des Yellowstone-Vulkans mit seiner caldera-bildenden Eruptionsserie schuf damals eine überlappende Gesamt-Caldera von 80 km Länge und 55 km Breite. Der Ausbruch war durch die Aktivierung von Magmen in oberflächennahen Magmakammern initiiert worden. Neben enormen Aschenmengen, deren Spuren bis nach Kalifornien reichen, produzierte er u.a. zahlreiche pyroklastische Ströme.

Dieser Ausbruch war so stark, das er für Jahre das Klima veränderte und mit den Aschewolken und Gasen die globale Umwelt vergiftete.

Abb. 74: Der Bereich der Yellowstone-Caldera heute (Reliefbild)

Auch heute besitzt der Yellowstone noch eine große Magmakammer, sodass ein ähnlich extremer Ausbruch weiterhin irgendwann möglich erscheint. Geologische Veränderungen, beispielsweise das extreme Anheben der Calderastruktur in den letzten Jahrzehnten, lassen einen Ausbruch in geologisch naher Zukunft – möglicherweise innerhalb der nächsten Jahrtausende - als wahrscheinlich erscheinen.

Vor ca. 110.000 Jahren (Wüstenperiode)

Als die gemäßigte Eiszeitperiode vor ca. 110.000 Jahren anfing, begannen die Temperaturen zu sinken, der Niederschlag blieb vollkommen aus. Waldbrände vermehrten sich und wüteten lange Zeit weiter. Zudem folgten viele Staubstürme, die sich gebildet hatten. Dutzende von Wälder und fruchtbare Landstriche wurden vernichtet. Die Wüstengebiete verbreiterten sich in allen Regionen und neue verdorrte Landstriche entstanden.

Nach einer etwa 500jährigen, weltweiten Trockenzeit war auf einmal alles vorbei; die Pflanzen sprossen wieder, damit kehrte auch der Baum- und Pflanzenwuchs zurück. Obwohl die wichtigsten Fakten hierbei noch nicht bewiesen sind, (denn alles geschah zu abrupt und endete nach so kurzer Zeit, was man sich nicht erklären kann) gehen die Wissenschaftler von einer natürlichen Ursache aus.

Abb. *75: Wüstenplanet Erde*

Vor ca. 74.000 Jahren (Ausbruch des Toba-Vulkans)

Entstanden ist der Kessel des Tobasees auf Sumatra durch die Eruption des Supervulkans Toba vor ca. 74.000 Jahren. Man geht davon aus, dass es sich nach dem Yellowstone-Ausbruch um den größten Vulkanausbruch der vergangenen zwei Millionen Jahre gehandelt hat. Vulkanische Asche des Ausbruchs findet man im gesamten Indischen Ozean und in weiten Teilen Indiens. Schätzungen zufolge wurden 2.800 km³ vulkanischen Materials (davon 800 km³ Asche) bis in 80 km Höhe geschleudert und verteilten sich in der Atmosphäre. Darauf folgte eine Abkühlung des Weltklimas, ein so genannter vulkanischer Winter.

Klima-Simulationen an der Rutgers University in New Jersey weisen darauf hin, dass die klimatischen Auswirkungen schwere Beeinträchtigungen der Lebensbedingungen nach sich gezogen haben. Allerdings ist den Wissenschaftlern noch unklar, weshalb der Ausbruch eine dermaßen starke Abkühlung der Erde nach sich gezogen hat, so dass ein dicker Eispanzer auf der Nord und Südhalbkugel entstand. Viele Geologen sind der Meinung, dass bisher unbekannte Chemikalienverbindungen bei der Abkühlung, da diese extrem rasch erfolgte, mitgeholfen haben.

Abb. 76: Die Toba-Caldera heute

Vor ca. 12.000 Jahren (Die Sintflut)

Die letzte Eiszeit ging vor etwa 12.000 Jahren zu Ende und erfolgte durch das enorm schnelle Abschmelzen der beiden globalen Eiskappen. Damals gab es bis zu drei Kilometer mächtige Eisschilde an beiden Polen.

Da so viel Wasser als Eis gebunden war, lag der Meeresspiegel etwa 130 Meter unter dem heutigen Niveau. Die globale Durchschnittstemperatur war 17 bis 20 Grad Celsius niedriger als vor 74.000 Jahren. Aus den Gaseinschlüssen im polaren Eis weiß man, dass in diesem Zeitraum die Konzentration der Treibhausgase Kohlendioxid (CO2) und Methan (CH4) nur 50 Prozent des vorindustriellen Wertes betrug.

Im Zuge der katastrophalen Abschmelzung der Eismassen stieg der Meeresspiegel weltweit extrem schnell an und das speziell auf der nördlichen Halbkugel. Hierbei änderten sich stellenweise die Küstenlinien, Land ging verloren, Inseln und auch Inselkontinente verschwanden.

Die zu der Zeit emporgehobenen Teile des Mid Atlantic Kammes sanken ebenfalls. Darunter auch weitere Inseln und Landmasse rund um die Azoren. Das produzierte einen rechtwinkligen Druck, der eine Absenkung im Westen und Osten forcierte. Seit der Kamm zwischen Kuba und Yucatan die natürliche Schwachstelle zwischen dem abgesenkten Golfbecken und dem abgesenkten karibischen Becken darstellt, ist er ebenso stark abgesunken. Der Grund dafür waren hydrostatische Veränderungen, verursacht von einer Erdkrustenverschiebung vor etwa 12.000 Jahren und der langensamen Anhebung des Hudson Bay Beckens am Ende der letzten Eiszeit.

Einhergehend mit dem Abschmelzen der Eismassen erfolgte ein Jahrhunderte währender Starkregen, der rund um den Globus auftrat. Dazu kamen riesige Tsunamis, die durch Erdbeben (Verschiebung der Erdschollen und Auffaltungen sowie Absenkungen des Meeresbodens) entstanden. Gleichzeitig erhöhte sich die globale Temperatur um 16 - 18 Grad. Das bedeutete, dass in einigen Gebieten, wie die in Mitteleuropa, im Sommer wieder eine Wärme um die 30 Grad herrschte.

Das Massenaussterben

Unzweifelhaft hat es noch eine weitere weltweite Katastrophe am Eiszeitende gegeben – irgendeine ungeheure Umwälzung muss damals stattgefunden haben, das zeigt allein das Aussterben der Eiszeit-Großtier-Fauna, ein absolut rätselhafter Vorgang – das größte Massenaussterben der neueren Erdgeschichte seit dem Aussterben der Saurier.

Nicht nur das Mammut, sondern der größte Teil der eiszeitlichen Fauna starb aus: Mastodon, Megatherium, Wollhaarnashorn, Höhlenbär und Riesen-Hirsch, Riesen-Wolf, Höhlenlöwe, Säbelzahnkatze, Riesen-Biber, Steppen-Wisent, Riesen-Gürteltier. Es traf genauso die Großsäuger der warmen Zonen, im Mittelmeergebiet z.B. den europäischen Waldelefanten, das europäische Flusspferd, das Waldnashorn, Steppennashorn, dazu etliche Großtiere auf anderen Kontinenten wie z.B. den Riesen-Waran in Australien.

Allein diese ökologische Katastrophe zeigt die Wucht der in nur wenigen Tagen erreichten Veränderungen in den Lebensbedingungen der Erde am Ende der Eiszeit.

Abb. 77: Das Ende der Eiszeit

Die weltweite Flutkatastrophe vor 12.000 Jahren im Gedächtnis der Völker

Die Sintflut in der Bibel

1. Mose - Kapitel 6 (unverfälschte Übersetzung)

Gottessöhne und Menschentöchter

Da sich aber die Menschen begannen zu mehren auf Erden und ihnen Töchter geboren wurden, da sahen die Kinder Gottes nach den Töchtern der Menschen, wie schön sie waren, und nahmen zu Weibern, welche sie wollten.

Da sprach der HERR: „Die Menschen wollen sich von meinem Geist nicht mehr strafen lassen; denn sie sind Fleisch. Ich will ihnen noch Frist geben; einhundertzwanzig Jahre."

Es waren auch zu den Zeiten Riesen auf Erden; denn da die Kinder Gottes zu den Töchtern der Menschen eingingen und sie ihnen Kinder gebaren, wurden daraus Gewaltige in der Welt und berühmte Männer.

Ankündigung der Sintflut, Noahs Erwählung, Bau der Arche

Da aber der HERR sah, dass der Menschen Bosheit groß war auf Erden und alles Dichten und Trachten ihres Herzens nur böse war immerdar, da reute es ihn, dass er die Menschen gemacht hatte auf Erden, und es bekümmerte ihn in seinem Herzen, und er sprach: „Ich will die Menschen, die ich gemacht habe, vertilgen von der Erde, vom Menschen an bis auf das Vieh und bis auf das Gewürm und bis auf die Vögel unter dem Himmel; denn es reut mich, dass ich sie gemacht habe."

Aber Noah fand Gnade vor dem HERRN.

Dies ist das Geschlecht Noahs. Noah war ein frommer Mann und ohne Tadel und führte ein göttliches Leben zu seinen Zeiten, und zeugte drei Söhne Sem, Ham und Japheth. Aber die Erde war verderbt vor Gottes Augen und voll Frevels.

Da sah Gott auf die Erde, und siehe, sie war verderbt; denn alles Fleisch hatte seinen Weg verderbt auf Erden. Da sprach Gott zu Noah: „Alles Fleisches Ende ist vor mich gekommen; denn die Erde ist voll Frevels von ihnen; und siehe da, ich will sie verderben mit der Erde. Mache dir einen Kasten von Tannenholz und mache Kammern darin und verpiche ihn mit Pech inwendig und auswendig. Und mache ihn also: Dreihundert Ellen sei die Länge, fünfzig Ellen die Weite und dreißig Ellen die Höhe. Ein Fenster sollst du daran machen obenan, eine Elle groß. Die Tür sollst du mitten in seine Seite setzen. Und er soll drei Boden haben: einen unten, den andern in der Mitte, den dritten in der Höhe. Denn siehe, ich will eine Sintflut, eine große Flut mit Wasser kommen lassen auf Erden, zu verderben alles Fleisch, darin ein lebendiger Odem ist, unter dem Himmel. Alles, was auf Erden ist, soll untergehen. Aber mit dir will ich einen Bund aufrichten; und du sollst in den Kasten gehen mit deinen Söhnen, mit deinem Weibe und mit deiner Söhne Weibern. Und du sollst in den Kasten tun allerlei Tiere von allem Fleisch, je ein Paar, Männlein und Weiblein, dass sie lebendig bleiben bei dir. Von den Vögeln nach ihrer Art, von dem Vieh nach seiner Art und von allerlei Gewürm auf Erden nach seiner Art: von den allen soll je ein Paar zu dir hineingehen, dass sie leben bleiben. Und du sollst allerlei Speise zu dir nehmen, die man isst, und sollst sie bei dir sammeln, dass sie dir und ihnen zur Nahrung da sei."

Und Noah tat alles, was ihm Gott gebot.

1. Mose – Kapitel 7

Die Sintflut

Und der HERR sprach zu Noah: „Gehe in den Kasten, du und dein ganzes Haus; denn ich habe dich gerecht ersehen vor mir zu dieser Zeit. Aus allerlei reinem Vieh nimm zu dir je sieben und sieben, das Männlein und sein Weiblein; von dem unreinen Vieh aber je ein Paar, das Männlein und sein Weiblein. Desgleichen von den Vögeln unter dem Himmel je sieben und sieben, das Männlein und sein Weiblein, auf dass der Same lebendig bleibe auf dem ganzen Erdboden. Denn von nun an über sieben Tage will ich es regnen lassen auf Erden; vierzig Tage und vierzig Nächte und vertilgen von dem Erdboden alles, was Wesen hat, was ich gemacht habe."

Und Noah tat alles, was ihm der HERR gebot. Er war aber sechshundert Jahre alt, da das Wasser der Sintflut große Flut auf Erden kam. Und er ging in den Kasten mit seinen Söhnen, seinem Weibe und seiner Söhne Weibern vor dem Gewässer der Sintflut. Von dem reinen Vieh und von dem unreinen, von den Vögeln und von allem Gewürm auf Erden gingen sie zu ihm in den Kasten paarweise, je ein Männlein und Weiblein, wie ihm Gott geboten hatte.

Und da die sieben Tage vergangen waren, kam das Gewässer der Sintflut auf Erden.

In dem sechshundertsten Jahr des Alters Noahs, am siebzehnten Tage des zweiten Monats, das ist der Tag, da aufbrachen alle Brunnen der großen Tiefe, und taten sich auf die Fenster des Himmels, und kam ein Regen auf Erden vierzig Tage und vierzig Nächte. Eben am selben Tage ging Noah in den Kasten mit Sem, Ham und Japheth, seinen Söhnen, und mit seinem Weibe und seiner Söhne drei Weibern, dazu allerlei Getier nach seiner Art, allerlei Vieh nach seiner Art, allerlei Gewürm, das auf Erden kriecht, nach seiner Art und allerlei Vögel nach ihrer Art, alles was fliegen konnte, alles, was Fittiche hatte; das ging alles zu Noah in den Kasten paarweise, von allem Fleisch, darin ein lebendiger Geist war. Und das waren Männlein und Weiblein von allerlei Fleisch, und gingen hinein, wie denn Gott ihm geboten hatte. Und der HERR schloss hinter ihm zu.

Da kam die Sintflut vierzig Tage auf Erden, und die Wasser wuchsen und hoben den Kasten auf und trugen ihn empor über die Erde. Also nahm das Gewässer überhand und wuchs so sehr auf Erden, dass der Kasten auf dem Gewässer fuhr. Und das Gewässer nahm überhand und wuchs so sehr auf Erden, dass alle hohen Berge unter dem ganzen Himmel bedeckt wurden. Fünfzehn Ellen hoch ging das Gewässer über die Berge, die bedeckt wurden.

Da ging alles Fleisch unter, das auf Erden kriecht, an Vögeln, an Vieh, an Tieren und an allem, was sich regt auf Erden, und alle Menschen. Alles, was einen lebendigen Odem hatte auf dem Trockenen, das starb. Also ward vertilgt alles, was auf dem Erdboden war, vom Menschen an bis auf das Vieh und das Gewürm und auf die Vögel unter dem Himmel; das ward alles von der Erde vertilgt. Allein Noah blieb übrig und was mit ihm in dem Kasten war.

Und das Gewässer stand auf Erden einhundertfünfzig Tage.

1. Mose - Kapitel 8

Ende der Sintflut. Noahs Opfer. Verheißung des HERRN

Da gedachte Gott an Noah und an alle Tiere und an alles Vieh, das mit ihm in dem Kasten war, und ließ Wind auf Erden kommen, und die Wasser fielen; und die Brunnen der Tiefe wurden verstopft samt den Fenstern des Himmels, und dem Regen vom Himmel ward gewehrt; und das Gewässer verlief sich von der Erde immer mehr und nahm ab nach hundertfünfzig Tagen.

Am siebzehnten Tage des siebenten Monats ließ sich der Kasten nieder auf das Gebirge Ararat. Es nahm aber das Gewässer immer mehr ab bis auf den zehnten Monat. Am ersten Tage des zehnten Monats sahen der Berge Spitzen hervor

Nach vierzig Tagen tat Noah das Fenster auf an dem Kasten, das er gemacht hatte, und ließ einen Raben ausfliegen; der flog immer hin und wieder her, bis das Gewässer vertrocknete auf Erden. Darnach ließ er eine Taube von sich ausfliegen, auf dass er erführe, ob das Gewässer gefallen wäre auf Erden. Da aber die Taube nichts fand, wo ihr Fuß ruhen konnte, kam sie wieder zu ihm in den Kasten; denn das Gewässer war noch auf dem ganzen Erdboden. Da tat er die Hand heraus und nahm sie zu sich in den Kasten.

Da harrte er noch weitere sieben Tage und ließ abermals eine Taube fliegen aus dem Kasten. Die kam zu ihm zur Abendzeit, und siehe, ein Ölblatt hatte sie abgebrochen und trug's in ihrem Schnabel. Da merkte Noah, dass das Gewässer gefallen wäre auf Erden. Aber er harrte noch weiter sieben Tage und ließ eine Taube ausfliegen; die kam nicht wieder zu ihm.

Im sechshunderterstenJahr des Alters Noahs, am ersten Tage des ersten Monats vertrocknete das Gewässer auf Erden. Da tat Noah das Dach von dem Kasten und sah, dass der Erdboden trocken war. Also ward die Erde ganz trocken am siebenundzwanzigsten Tage des zweiten Monats.

Abb. 78: Noahs Arche, Aussenden der Vögel

Da redete Gott mit Noah und sprach: „Gehe aus dem Kasten, du und dein Weib, deine Söhne und deiner Söhne Weiber mit dir. Allerlei Getier, das bei dir ist, von allerlei Fleisch, an Vögeln, an Vieh und an allerlei Gewürm, das auf Erden kriecht, das gehe heraus mit dir, dass sie sich regen auf Erden und fruchtbar seien und sich mehren auf Erden."

Also ging Noah heraus mit seinen Söhnen und seinem Weibe und seiner Söhne Weibern, dazu allerlei Getier, allerlei Gewürm, allerlei Vögel und alles, was auf Erden kriecht; das ging aus dem Kasten, ein jegliches mit seinesgleichen.

Noah aber baute dem HERRN einen Altar und nahm von allerlei reinem Vieh und von allerlei reinem Geflügel und opferte Brandopfer auf dem Altar.

Und der HERR roch den lieblichen Geruch und sprach in seinem Herzen: „Ich will hinfort nicht mehr die Erde verfluchen um der Menschen willen; denn das Dichten des menschlichen Herzens ist böse von Jugend auf. Und ich will hinfort nicht mehr schlagen alles, was da lebt, wie ich getan habe. Solange die Erde steht, soll nicht aufhören Saat und Ernte, Frost und Hitze, Sommer und Winter, Tag und Nacht."

Die Sintflut im Gilgamesch Epos

In Wirklichkeit war es die Flut des Utnapishtim, von der auf der elften Tafel erzählt wird. Der Rat der Götter entschied, die ganze Erde unter Wasser zu setzen, um die Menschheit zu vernichten. Aber Ea, der Gott, der die Menschen schuf, warnte Utnapishtim aus Shuruppak, einer Stadt an den Ufern des Euphrat, und leitete ihn an, ein riesengroßes Boot zu bauen.

„O Mann aus Shuruppak, Sohn von Ubartutu, reiße das Haus ein und baue ein Boot! Entsage dem Reichtum und suche Lebewesen! Verschmähe deine Besitztümer und pass' auf, dass die Lebewesen am Leben bleiben! Sieh zu, dass alle Lebewesen sich ins Boot begeben. Die Maße von dem Boot, das du bauen sollst, müssen genau zueinander passen. Seine Länge muss mit seiner Breite übereinstimmen."

Utnapishtim gehorchte.

„Ein ganzes Feld (acre) war ihre Grundfläche, zehn Dutzend Ellen (etwa 51 m) die Höhe jeder Wand, und zehn Dutzend Ellen jede Kante von der quadratischen Decke. Ich legte die Seiten aus und baute das Boot zusammen. Ich zog sechs Zwischenböden ein und teilte es so in sieben Teile."

Utnapishtim dichtete seine Arche mit Pech ab und nahm alle Sorten von Wirbeltieren, seine Familienangehörigen und einige andere Menschen mit ins Boot. Shamash, der Sonnengott, überschüttete die Arche mit Brotlaiben und ließ es Weizen regnen. Dann kam die Flut so übermächtig, dass sich folgendes ereignete:

Die Götter bekamen Angst und zogen sich zurück in den Himmel von Anu. Sie kauerten sich wie kleine Hunde zusammen und duckten sich am äußeren Rand. Ishtar schrie wie eine Frau in den Wehen und die Göttin mit der süßen Stimme jammerte: *„Ach, leider sind die alten Tage zu Staub zerfallen, weil ich schlimme Dinge sagte im Rat der Götter! Wie konnte ich bloß* *schlimme Dinge sagen im Rat der Götter und damit eine Katastrophe heraufbeschwören, die mein Volk vernichtet! Kaum hatte ich mein Volk ins Leben gerufen, da füllte es schon das Meer wie die vielen Fische!"*

Abb. 79: Elfte Keilschrifttafel des Gilgamesch-Epos mit der Schilderung der Sintflut

Die Götter, jene von den Anunnaki, weinten mit ihr, sie saßen niedergeschlagen da und jammerten und schluchzten vor Kummer, ihre Lippen brannten und sie verschmachteten vor Durst. Aber die Flut war relativ kurz: Sechs Tage und sieben Nächte kamen Wind und Flut, und ein Sturm fegte über das Land. Als der siebente Tag anbrach, war der Sturm ganz gewaltig und die Flut kämpfte wie im Krieg - sie kämpfte mit sich selber, so wie sich eine Frau in den Wehen windet. Dann setzte die Arche auf dem Berg Nisir (oder Nimush) auf, der ungefähr 500 km vom Berg Ararat entfernt ist. Utnapishtim sandte eine Taube aus, dann eine Schwalbe, aber sie konnten kein Land finden und kehrten zurück. Dann sandte er einen Raben aus, der nicht zurückkehrte. Da ließ er die Tiere frei und opferte ein Schaf. Das war nicht zu früh, denn die armen Götter darbten:

„Die Götter nahmen den Geruch wahr, den lieblichen Geruch, und versammelten sich wie die Fliegen über dem Opferfleisch. “

Dann sah Enlil die Arche und war erregt, dass einige Menschen überlebt hatten. Aber Ea wies Enlil hart zurecht wegen der Ausrottung der Menschen durch die Flut. Daraufhin schenkte Enlil dem Utnapishtim und seiner Frau die Unsterblichkeit und wies ihnen einen Wohnort an der Mündung der Flüsse zu. Hier fand ihn Gilgamesch und hörte die bemerkenswerte Geschichte. Zuerst prüfte Utnapishtim, ob Gilgamesh würdig war, unsterblich zu werden, indem er ihn sieben Nächte nicht schlafen ließ. Aber Gilgamesch war zu erschöpft und schlief ein. Utnapishtim bat seine Frau, jeden Tag einen Laib Brot zu backen und ihn jeden Tag neben den schlafenden Gilgamesch zu legen. Als Gilgamesch aufwachte, dachte er, er hätte nur einen Moment geschlafen. Aber Utnapishtim zeigte Gilgamesch die Brotlaibe in verschiedenen Frischezuständen, die bewiesen, dass er tagelang geschlafen hatte.

Die Sintflut in weltweiten Erzählungen

Indien

Als nun der Tag des großen Regens, der Donner und Blitze anbrach, schiffte er sich ein, er und sein kleines Volk. Die Flut hob an und Manu spähte auf der weiten Wasserfläche nach dem Wunderfisch. Und siehe, wie ein Berg stieg er aus dem Meer, leicht erkennbar an dem Horn. Um diesen schlang Manu sein Tau, und wie ein Pfeil schwamm der Fisch von dannen. Ihm folgte das Schiff, über Wasserberge und durch Wellentäler. Weiße Nebel wechselten mit schwarzen Wolken, Sturmgetöse mit peitschendem Regen, während ringsum Ungeheuer aus der Tiefe auftauchten.

Wohl Jahre dauerte die Fahrt, bis sich die Welt zu lichten begann und der Gipfel eines Berges in Sicht kam. (Dan Lindholm: „Quell der Ganga; indische Sagen“)

Griechenland

Als Zeus bemerkt, dass das „eherne“ Menschengeschlecht - welches er als Drittes nach dem „goldenen“ und dem „silbernen“ geschaffen hat - grausam, gewalttätig und voll gottlosen Starrsinns ist, ergrimmt er und beschließt, diese Menschen von der Erde zu vertilgen. Schon greift er nach den Donnerkeilen, um sie gegen die Gottlosen zu schleudern, doch muss er fürchten, die feurigen Blitze könnten den Äther in Brand setzen und die Achse des Weltalls verbrennen.

Da schwört er ingrimmig, einen ungeheuren Regen vom Himmel zu senden und das eherne Geschlecht in Wolkengüssen zu ertränken. Sogleich wird der Nordwind, der die Regenwolken zu verscheuchen pflegt, in die Höhle des Windgottes Aiolos eingeschlossen. Nur der Südwind wird freigelassen, mit triefenden Schwingen und regennassem Bart, das Antlitz in nachtschwarzes Dunkel gehüllt, so schwingt er sich zur Erde hinab. Nebel lagert auf seiner Stirn, aus den weißen Haupthaaren rinnt die Flut. Er packt die tief herunterhängenden Regenwolken, und unter Donnerrollen fängt er an, sie auszupressen. Unendlicher Regen ergießt sich auf die Erde hinab. Auch der Meergott Poseidon kommt dem Bruder beim Zerstörungswerk zu Hilfe. Und während sich die entfesselten Ströme gegen alles Menschenwerk stürzen, durchsticht der Gott selber mit seinem Dreizack das aufgedämmte Erdreich und lässt die wütenden Fluten eindringen.

Meer und Erde sind nicht mehr zu unterscheiden, alles versinkt in den weiten, uferlosen Wassern. Die Menschen streben in ihrer Verzweiflung auf die höchsten Berge, doch die meisten packt das unbarmherzig vordringende Wasser, bevor sie Rettung finden. Und wenn einer den unwirtlichen Gipfel erreicht, ist er verdammt, dem Hungertode zu erliegen. (Gustav Schwab: „Sagen des klassischen Altertums“)

Ostasien

Sprach die Großmutter: „Grabt nun rasch den Topf aus und holt das Schifflein aus dem Kasten."

Als sie den Topf ausgruben, waren lauter echte Perlen drin und das Schiffchen wurde größer und größer und ein richtiges Schiff. „Nehmt den Topf und steigt in das Schiff! Wenn das Große Wasser kommt, mögt ihr alle daher treibenden Tiere retten, aber die Menschen sollt ihr nicht retten!"

Da stiegen sie ins Schiff, und die Großmutter war plötzlich verschwunden. Nun begann es zu regnen, und der Regen strömte immer stärker und stärker vom Himmel herab. Das Große Wasser überschwemmte alles. Da kam ein Hund vorbeigetrieben, danach ein Mäusepaar; auf einem Dach saß eine Katze und miaute kläglich, auf einem Baum ein Rabe, schließlich kam ein Bienenschwarm, dessen Bienen kaum noch fliegen konnten.

All diese Tiere wurden von ihnen gerettet. Endlich trieb ein schwarzhaariger Mensch auf den Wellen; der Knabe wollte ihn retten, aber die Mutter berief sich auf die Großmutter, die ihnen verboten hatte, Menschen zu retten. („Götter und Dämonen"; Mythen der Völker; hrsg. von Rudolf Jockel)

Quiché-Maya

Nachdem Land, Wasser, Luft, Pflanzen und Tiere schon geschaffen waren, erschufen die Götter ein erstes Menschengeschlecht aus Erde und Lehm. Aber dieses war nicht recht lebensfähig, es siechte und welkte dahin. Die Götter vernichteten es wieder. Darauf erschufen sie ein zweites Menschengeschlecht aus Holz. Diese Menschen konnten zwar sprechen, hatten aber keine Seele und keinen Verstand. Sie konnten die Götter nicht anbeten. Das hölzerne Geschlecht wurde durch eine gewaltige Flut vernichtet, eine Flut, ausgelöst durch einen unendlichen „schwarzen Regen". Die Nachkommen derer, die dennoch überlebten, wurden die Affen. („Popul Vuh – das Buch des Rates", übersetzt und erläutert von Wolfgang Cordan)

Südamerika

Als aber Übermut und Eigennutz unter ihnen erwachte und sie seine Gebote nicht mehr achteten, ergrimmte Viracocha und beschloss, sie wieder zu vernichten. Einige Menschen wurden in Steine oder andere Dinge verwandelt, andere verschlang die Erde, vor allem aber sandte Viracocha eine gewaltige Flut, Pachacuti genannt, „das Wasser, das die Erde um und um kehrte".

Sechzig Tage und Nächte lang regnete es ununterbrochen, so dass alles Erschaffene ertrank und nur einige Spuren derer, die in Stein verwandelt worden waren, übrigblieben – zur Strafe für das Geschehene und als warnendes Beispiel für die Nachwelt. („Götter und Dämonen"; Mythen der Völker; herausgegeben von Rudolf Jockel)

Afrika

Alle Tiere waren am Anfang immer bei Esso, dem höchsten Gott und tranken stets an der gleichen Stelle Wasser. Eines Tages aber hatte Esso Streit mit dem Elefanten. Da kehrte Esso in den Himmel zurück, und es regnete nicht mehr. Eine große Trockenheit trat ein, nichts wuchs mehr. Kaum gab es noch zu trinken, und es war große Not.

Alle Tiere kamen zusammen und sprachen: „Wir müssen Esso bitten, seinen Zorn zu lassen und uns wieder Regen zu spenden, sonst werden wir alle sterben."

Sie sandten die Schwalbe zum Himmel hinauf, die klagte Esso die Not der Tiere und Esso sprach: „Es ist gut."

Und er ließ es regnen. Die Bäche schwollen. Die Flüsse schwollen. Alle Wiesen standen unter Wasser. Viele ertranken. Es regnete, es regnete, es regnete.

Viele, viele starben. Alle Tiere kamen zusammen und sprachen: „Wir müssen Esso bitten, seinen Zorn zu lassen und mit dem Regen aufzuhören."

Wieder sandten sie die Schwalbe zu ihm und Esso sprach: „Es ist gut."

Und er ließ den Regen aufhören. („Götter und Dämonen"; Mythen der Völker; hrsg. von Rudolf Jockel)

Neuguinea

Ein Jahr später fing es an zu regnen. Der Regen hielt viele Tage an, und das Wasser stieg und stieg. Bisa und Beisa wollten in höher gelegene Regionen fliehen, doch das Wasser hörte nicht auf zu steigen. Bald schon merkten die beiden, dass es keinen sicheren Platz gab, und bauten ein Kanu, um ihr Leben zu retten. Sie nahmen auch viele Tiere mit an Bord, die vor dem Wasser flüchten wollten. Es regnete und stürmte ohne Unterlass, und als sie eines Morgens aufwachten, waren der Regenwald, die Hügel, ja das ganze Land unter dem Wasser versunken.

Rücken an Rücken hockten Bisa und Beisa in ihrem Kanu und paddelten. „Regen, hör auf, Donner, hör auf, wir haben Angst!", riefen die beiden wieder und wieder.

Tagelang saßen sie mit all den Tieren im Kanu fest, und als sie die Hoffnung schon aufgeben wollten, hörte es auf zu regnen. (Sabine Kuegler: „Ruf des Dschungels")

Fidji-Inseln (Melanesien)

Jetzt kannte der Zorn der Gottheit keine Grenzen mehr. Sie schleuderte ihre Keule hoch in den Himmel hinein, die Wolken barsten und eine ungeheure Regenflut ergoss sich viele Tage lang auf die Erde. Auch das Meer stieg und überflutete das Land. Es war ein schreckliches Schauspiel.

Zuletzt wurde der Kriegswall der Bootsbauer samt ihrer Stadt und allen Menschen fortgespült. Die meisten ertranken, aber etwa zweitausend trieben auf Bäumen, Flößen und Booten fort, hierhin und dorthin, und landeten schließlich auf herausragenden Berggipfeln. („Götter und Dämonen"; Mythen der Völker; hrsg. von Rudolf Jockel)

Australien

Als der Lizard Spirit sah, was die Kinder Dunbi angetan hatten, wurde er sehr zornig und verursachte schwere Verwüstungen. Schlimme Stürme tobten. Der heftige Regen brachte Überflutungen.

Die Menschen versuchten zu entkommen, doch es gelang ihnen nicht. (Verena von Funcke: „Töchter der Traumzeit“)

Abb. 80: Die Sintflut (Gemälde)

Berichte über die Illojiim und die Entstehung des Menschen

Berichte über die Illojiim als Götter und die Entwicklung des Menschen bis hin zum Krieg im Orbit der Erde vor 5.000 Jahren, gibt es in diversen Überlieferung:

Die Bibel

Und Gott sprach: „Lasset uns Menschen machen, ein Bild, das uns gleich sei, die da herrschen über die Fische im Meer und über die Vögel unter dem Himmel und über das Vieh und über alle Tiere des Feldes und über alles Gewürm, das auf Erden kriecht."

Und Gott schuf den Menschen zu seinem Bilde, zum Bilde Gottes schuf er ihn; und schuf sie als Mann und Frau.

Und Gott segnete sie und sprach zu ihnen: „Seid fruchtbar und mehret euch und füllet die Erde und machet sie euch untertan und herrschet über die Fische im Meer und über die Vögel unter dem Himmel und über das Vieh und über alles Getier, das auf Erden kriecht."

Und Gott sprach: „Sehet da, ich habe euch gegeben alle Pflanzen, die Samen bringen, auf der ganzen Erde, und alle Bäume mit Früchten, die Samen bringen, zu eurer Speise. Aber allen Tieren auf Erden und allen Vögeln unter dem Himmel und allem Gewürm, das auf Erden lebt, habe ich alles grüne Kraut zur Nahrung gegeben." Und es geschah so.

Und Gott sah alles, was er gemacht hatte, und siehe, es war sehr gut. Da ward aus Abend und Morgen der sechste Tag.

An einer anderen Stelle (Buch Mose) heißt es:

So wurden vollendet Himmel und Erde mit ihrem ganzen Heer. Und so vollendete Gott am siebenten Tage seine Werke, die er machte, und ruhte am siebenten Tage von allen seinen Werken, die er gemacht hatte. Und Gott segnete den siebenten Tag und heiligte ihn, weil er an ihm ruhte von allen seinen Werken, die Gott geschaffen und gemacht hatte. So sind Himmel und Erde geworden, als sie geschaffen wurden. Es war zu der Zeit, da Gott der HERR Erde und Himmel machte.

Das Paradies und alle die Sträucher auf dem Felde waren noch nicht auf Erden, und all das Kraut auf dem Felde war noch nicht gewachsen; denn Gott der HERR hatte noch nicht regnen lassen auf Erden, und kein Mensch war da, der das Land bebaute; aber ein Nebel stieg auf von der Erde und feuchtete alles Land.

Da machte Gott der HERR den Menschen aus Erde vom Acker und blies ihm den Odem des Lebens in seine Nase. Und so ward der Mensch ein lebendiges Wesen. Und Gott der HERR pflanzte einen Garten in Eden gegen Osten hin und setzte den Menschen hinein, den er gemacht hatte.

Und Gott der HERR ließ aufwachsen aus der Erde allerlei Bäume, verlockend anzusehen und gut zu essen, und den Baum des Lebens mitten im Garten und den Baum der Erkenntnis des Guten und Bösen.

Und es ging aus von Eden ein Strom, den Garten zu bewässern, und teilte sich von da in vier Hauptarme. Der erste heißt Pischon, der fließt um das ganze Land Hawila und dort findet man Gold; und das Gold des Landes ist kostbar. Auch findet man da Bedolachharz und den Edelstein Schoham. Der zweite Strom heißt Gihon, der fließt um das ganze Land Kusch. Der dritte Strom heißt Tigris, der fließt östlich von Assyrien. Der vierte Strom ist der Euphrat.

Und Gott der HERR nahm den Menschen und setzte ihn in den Garten Eden, dass er ihn bebaute und bewahrte. Und Gott der HERR gebot dem Menschen und sprach: „Du darfst essen von allen Bäumen im Garten, aber von dem Baum der Erkenntnis des Guten und Bösen sollst du nicht essen; denn an dem Tage, da du von ihm isst, musst du des Todes sterben."

Und Gott der HERR sprach: „Es ist nicht gut, dass der Mensch allein sei; ich will ihm eine Gehilfin machen, die um ihn sei."

Und Gott der HERR machte aus Erde alle die Tiere auf dem Felde und alle die Vögel unter dem Himmel und brachte sie zu dem Menschen, dass er sähe, wie er sie nennte; denn wie der Mensch jedes Tier nennen würde, so sollte es heißen.

Und der Mensch gab einem jeden Vieh und Vogel unter dem Himmel und Tier auf dem Felde seinen Namen; aber für den Menschen ward keine Gehilfin gefunden, die um ihn wäre. Da ließ Gott der HERR einen tiefen Schlaf fallen auf den Menschen, und er schlief ein. Und er nahm eine seiner Rippen und schloss die Stelle mit Fleisch. Und Gott der HERR baute eine Frau aus der Rippe, die er von dem Menschen nahm, und brachte sie zu ihm.

Da sprach der Mensch: „Das ist doch Bein von meinem Bein und Fleisch von meinem Fleisch; man wird sie Männin nennen, weil sie vom Manne genommen ist."

Darum wird ein Mann seinen Vater und seine Mutter verlassen und seiner Frau anhangen, und sie werden sein „ein" Fleisch.

Und sie waren beide nackt, der Mensch und seine Frau, und schämten sich nicht.

Popol Vuh (Maya)

Wie im Popol Vuh geschrieben steht, schufen die Götter zuerst, die Erde, die Berge und Täler. Sie teilten die Wasserströme, die Bäche flossen zwischen den Hügeln, und die Wasser teilten sich, wo ein Gebirge entstand.

Das war jedoch nur der Beginn, denn danach kamen die Tiere, die als „Genien der Gebirge“ bezeichnet werden, die Hirsche, die Vögel, die Löwen, die Tiger und die Schlangen. Sie wurden bis in alle Ewigkeit dazu verurteilt, Opfer der Jäger und Speise für die Hungrigen zu sein, nur weil sie nicht sprechen und die Götter loben konnten. Die Tiere konnten nur schreien, krähen und schnattern, sie ließen keine Anzeichen einer Sprache erkennen, und jedes schrie auf seine Weise. Man versuchte also, den Menschen auf das Antlitz der Erde zu bringen.

Die Götter, die mit dieser Aufgabe betraut wurden, waren Tepeu und Gucumatz. Tepeu bedeutet König oder Souverän, und kommt von dem Nahuatl-Wort Tepeu, tepeuani, das manche auch mit „Eroberer“ oder „Sieger“ übersetzen und für das die Mayas das Wort „ah tepehuatl“ gebrauchten, welches sie von den Mexikanern übernommen hatten. Gucumatz, grüngefiederte Schlange, die Umschreibung für Quetzal, und Cumatz, Schlange, ist die Quiché-Version für Kukulcán, den Maya-Namen von Quetzalcoaltl, König der Tolteken, Eroberer, Zivilisator und Gott von Yucatán in der Ära der Neuen Maya-Reiches.

Tepeu und Gucumatz versuchten also, den Menschen zu erschaffen. Aus Schlamm und Erde formten sie seinen Leib, *doch sie sahen, dass er nicht gut war, denn er zerfiel, er war weich, er bewegte sich nicht, er besaß keine Kraft, er fiel zu Boden, war schwach, bewegte nicht den Kopf, sein Gesicht war schief, er sah nicht gut, er konnte auch nicht hinter sich blicken. Am Anfang sprach er, aber er verstand nichts.* Deshalb lehnten die Götter dieses Werk ab; Es war eine schlechte Arbeit.

Ohne die Geduld oder den guten Willen zu verlieren, unternahmen Tepeu und Gucumatz weitere Versuche. Sie wählten auf gut Glück das

Material. Sie entschieden zwischen Mais und Tzite (dem Holz des Pito-Baumes). Ohne lange zu zögern, machten sie sich an die Arbeit, und der Mensch wurde aus Holz gemacht. *Sie existierten und sie vermehrten sich; sie hatten Töchter, sie hatten Söhne, diese Holzpuppen; aber sie hatten keine Seele, sie konnten nichts verstehen, sie erinnerten sich nicht ihres Schöpfers, ihres Erschaffers; sie liefen ohne Ziel umher und gingen auf allen Vieren.* Und nach der Magie im Heiligen Buch der Quiché waren dies die ersten Menschen.

Als die Götter Tepeu und Gucumatz ihre Arbeit besahen, waren sie enttäuscht. Ihre Schöpfung stellte sie nicht zufrieden, und deshalb zerstörten sie die Puppen wieder. *Und man sagt, dass die Nachkommen dieser Geschöpfe die Affen sind, die heute in den Wäldern leben; diese sind das Abbild jener, denn sie wurden von ihrem Schöpfer aus bloßem Holz gemacht. Und deshalb gleicht der Affe dem Menschen; er ist das Muster einer Generation von Menschen, die nur Puppen waren und aus Holz gemacht waren.*

Tepeu und Gucumatz verloren allmählich die Geduld. Erst als sie einen schönen Platz in den Wälder von Paxil und Cayala gefunden hatten, gelang es ihnen, einen Menschen zu schaffen, der Gott pries. Dort in Paxil und Cayala gab es die köstlichen Maiskolben, das Element, aus dem der Mensch geformt werden konnte. Auf diesem Land voller Köstlichkeiten gab es gelbe und weiße Maiskolben im Überfluss. *Aus gelbem Mais und aus weißem Mais entstand sein Fleisch; aus Maismasse wurden seine Arme und Beine geformt. Nur Maismasse ging in das Fleisch unserer Väter ein, der vier Menschen, die geschaffen wurden. Der erste war Balam-Quitzé, der zweite Balam-Acab, der dritte Mahucutah und der vierte Iqui-Balam. Die Kraft, die Fülle und die Energie dieser Menschen entstammen dem gemahlenen Mais. Sie besaßen keine Mutter, keinen Vater, sie waren einfach menschliche Wesen.*

Tepeu und Gucumatz waren mit ihrem Werk zufrieden. Diese vier Menschen verdankten ihnen ihre Entstehung, und sie priesen ihren Schöpfer. Dazu schufen ihnen die Götter Frauen, damit diese den Männern Gesellschaft leisteten. *Gott selbst formte sie mit Sorgfalt, und sie waren da, als die Männer erwachten, und die Herzen der Männer füllten sich mit Freude, als sie ihre Frauen erblickten.* Cahá-Paluna war die Frau, die Gott Balam-Quitzé gegeben hatte. Chomihä hieß die Frau Balam Acabs. Tzummiha hieß die Frau von Mahucutah, und Caquixaha war der Name der Frau Iqui-Balams.

Diese Paare zeugten die Männer und Frauen der kleinen und großen Stämme, und sie waren der Ursprung und Ausgangspunkt des Geschlechts der Quiché.

Die griechische Mythologie

Prometheus

Himmel und Erde waren geschaffen: das Meer wogte in seinen Ufern und die Fische spielten darin; in den Lüften sangen beflügelt die Vögel; der Erdboden wimmelte von Tieren. Aber noch fehlte es an dem Geschöpfe, dessen Leib so beschaffen war, dass der Geist in ihm Wohnung machen und von ihm aus die Erdenwelt beherrschen konnte. Da betrat Prometheus die Erde, ein Sprössling des alten Göttergeschlechts, das Zeus entthront hatte, ein Sohn des erdgeborenen Uranossohnes Iapetos, kluger Erfindung voll. Dieser wusste wohl, dass im Erdboden der Same des Himmels schlummere; darum nahm er vom Tone, befeuchtete denselben mit dem Wasser des Flusses, knetete ihn und formte daraus ein Gebilde, nach dem Ebenbilde der Götter, der Herren der Welt. Diesen seinen Erdenkloß zu beleben, entlehnte er allenthalben von den Tierseelen gute und böse Eigenschaften und schloss sie in die Brust des Menschen ein. Unter den Himmlischen hatte er eine Freundin, Athene, die Göttin der Weisheit. Diese bewunderte die Schöpfung des Titanensohnes und blies dem halbbeseelten Bilde den Geist, den göttlichen Atem ein.

So entstanden die ersten Menschen und füllten bald vervielfältigt die Erde. Lange aber wussten diese nicht, wie sie sich ihrer edlen Glieder und des empfangenen Götterfunkens bedienen sollten. Sehend sahen sie umsonst, hörten hörend nicht; wie Traumgestalten liefen sie umher und wussten sich der Schöpfung nicht zu bedienen. Unbekannt war ihnen die Kunst, Steine auszugraben und zu bebauen, aus Lehm Ziegel zu brennen, Balken aus dem gefällten Holze des Waldes zu zimmern, und mit allem diesem sich Häuser zu erbauen. Unter der Erde, in sonnenlosen Höhlen, wimmelte es von ihnen wie von beweglichen Ameisen; nicht den Winter, nicht den blütevollen Frühling, nicht den früchtereichen Sommer kannten sie an sicheren Zeichen; planlos war alles, was sie verrichteten. Da nahm sich Prometheus seiner Geschöpfe an; er lehrte sie den Auf- und Niedergang der Gestirne zu beobachten, erfand ihnen die Kunst zu zählen, die

Buchstabenschrift; lehrte sie Tiere ans Joch spannen und zu Genossen ihrer Arbeit brauchen, gewöhnte die Rosse an Zügel und Wagen; erfand Nachen und Segel für die Schifffahrt. Auch fürs übrige Leben sorgte er den Menschen. Früher, wenn einer krank wurde, wusste er kein Mittel, nicht was von Speise und Trank ihm zuträglich sei, kannte kein Salböl zur Linderung seiner Schäden; sondern aus Mangel an Arzneien starben sie elendiglich dahin. Darum zeigte ihnen Prometheus die Mischung milder Heilmittel, allerlei Krankheiten damit zu vertreiben. Dann lehrte er sie die Wahrsagekunst, deutete ihnen Vorzeichen und Träume, Vogelflug und Opferschau. Ferner führte er ihren Blick unter die Erde und ließ sie hier das Erz, das Eisen, das Silber und das Gold entdecken; kurz in alle Bequemlichkeiten und Künste des Lebens leitete er sie ein.

Jungfrauen für die Götter

In fast allen Kulturen und ihren Religionen galt und gilt noch heute die Devise: „Eine Frau geht jungfräulich in die Ehe". Aber bei den Religionen der alten Völker auf allen Kontinenten gab es noch eine viel wichtigere Forderung: ***Die Frauen, die den Göttern als Opfergabe zugeführt wurden, mussten Jungfrauen sein!***

Die Wichtigkeit der Jungfernschaft ergibt nur einen Sinn, wenn es sich hierbei um ein „Züchtungsprogramm für Menschen" handelt. Denn in der Züchtung ist die Jungfräulichkeit etwas Besonderes.

Die Vaterschaft eines bestimmten männlichen Wesens ist nur zu 100% beweisbar, wenn die Mutter oder das Muttertier bei der Befruchtung jungfräulich - unberührt - war. Nur durch das unverletzte Hymen konnte eine Kontrolle stattfinden.

Eigenartig ist in diesem Zusammenhang, dass alle Säugetiere einen Hymenalring (Bindegewebering) im Geburtskanal an der Stelle besitzen, an der beim Menschen und bei den höheren Affen das Hymen (Jungfernhäutchen) ist. Da die Natur nichts zwecklos produziert und das Hymen eigentlich keine Aufgabe hat, kann nur vermutet werden, dass dieses Häutchen aus dem Hymenalring zum Zweck der Kontrolle herausgezüchtet wurde.

Nur bei der Erstgeburt einer Jungfrau kann also die Vaterschaft des Mannes, der das Hymen zerstört hat oder durch körperliche Befruchtung seinen Samen einbringt, mit absoluter Sicherheit angenommen werden.

Auf Grund dieser Tatsachen besaßen die „Götter" eine totale Kontrolle über ihre Züchtungen. Weiterhin betrachteten sie ihre Werke nicht als lebendige Wesen sondern als seelenlose Objekte. Damit waren die Zuchtprodukte für sie nichts mehr als eine Sache, deren hochwertigen Elemente zur weiteren Verwendung behalten und minderwertige eliminiert wurden (siehe die Schöpfungsgeschichten in der Bibel, und in dem Popol Vuh).

Resultat: ***Es muss also im Völkergedächtnis einen Hinweis darauf geben, warum die Jungfernschaft so wichtig ist. In vielen Sagen und Mythen und auch den Religionen geht es nicht ohne die berühmte „Jungfrau" (siehe das Christentum und die Märchen aus aller Welt).***

Ausführung über die genetische Konstruktion der Menschheit

„Ich bin ein weibliches Reptilwesen, Angehörige einer sehr alten reptilartigen Rasse. Wir sind einheimische Erdlinge und leben auf dem Planeten seit Millionen von Jahren. Wir werden in Ihren religiösen Schriftstücken wie Ihrer christlichen Bibel erwähnt, und viele der alten menschlichen Stämme waren unserer Gegenwart gewahr und beteten uns als Götter an, zum Beispiel die Ägypter und Inka und viele andere alte Stämme. Ihre christliche Religion hat unsere Rolle in Ihrer Schöpfung missverstanden, so werden wir in Ihren Schriftstücken als „böse Schlange" erwähnt. Dies ist falsch. Ihre Rasse wurde genetisch von Außerirdischen konstruiert, und wir waren die mehr oder weniger passiven Beobachter dieses beschleunigten Entwicklungsprozesses. Sie müssen wissen (einige von Ihren Wissenschaftlern haben das schon angenommen), dass Ihre Art sich in einer auf natürliche Weise völlig unmöglichen Geschwindigkeit innerhalb von gerade einmal 2 – 3 Millionen Jahren entwickelt hat. Dies ist absolut unmöglich, weil Evolution ein viel langsamerer Prozess ist, wenn er naturbedingt ist. Aber Sie haben die Evolution nicht verstanden. Ihre Erschaffung war künstlich durch genetische Technologie, aber nicht durch uns, sondern durch eine außerirdische Art. Wenn Sie mich fragen, ob ich außerirdisch bin, muss ich mit „nein" antworten. Wir sind Einheimische auf der Erde. Wir hatten und haben einige Kolonien im Sonnensystem, aber wir stammen von diesem Planeten. Es ist in der Tat unser Planet und nicht Ihrer – es war nie Ihrer.

Vor 1,5 Millionen Jahren kam eine andere außerirdische Art auf die Erde. (Es war überraschend: die erste Art seit über 60 Millionen Jahren. Dies würde überraschender für Sie sein, wenn Sie wüssten, wie viele andere Arten heute hier sind.) Das Interesse dieser humanoiden Art – Sie nennen sie heute Illojiim – war nicht das Rohmaterial und das Kupfer, es war zu unserem Erstaunen der humanoide Affe. Trotz unserer Gegenwart auf diesem Planeten entschieden sich die Außerirdischen zur Hilfe für die Affen, sich ein bisschen schneller zu entwickeln, um ihnen in der Zukunft als eine Art von Sklavenrasse in kommenden Kriegen zu dienen. Das Schicksal Ihrer Spezies war nicht wirklich wichtig für uns, aber wir mochten die Gegenwart der Illojiim auf unserem Planeten nicht, und sie mochten unsere Gegenwart auf ihrem neuen „Milch-Zoo"-Planeten nicht, und so war ihre sechste und siebte Schöpfung der Grund für einen Krieg zwischen uns und ihnen. Sie können über den Krieg teilweise in dem Buch lesen, das Sie „Bibel" nennen, in einer sehr eigenartigen Art der Beschreibung. Die wirkliche Wahrheit ist eine sehr lange und schwierige Geschichte.

Ich verstehe, dass dies absolut unglaublich für Sie klingen muss, weil Sie eine junge und genetisch konstruierte Spezies sind. Ihr historischer Horizont endet an einer Skala von gerade einigen Tausenden von Jahren und Sie denken, dass das richtig ist. Aber es ist nicht so. Dies ist unmöglich. Ihr programmierter Verstand ist offensichtlich nicht fähig, solche großen Zeiträume zu handhaben. Unsere Entwicklungszeit mag unglaublich lang für Sie scheinen, aber dies ist in der Tat der ursprüngliche Weg der Natur. Erinnern Sie sich, Ihre frühen Säugetiervorfahren, die mit Dinosauriern und ihnen entwickelt wurden, überlebten die Bombe wie wir. Sie entwickelten sich langsam während der nächsten Millionen von Jahren und sie teilten sich in verschiedene Arten und Formen, einige von ihnen größer, einige von ihnen kleiner. Dies ist die Evolution des Körpers. Aber was ist mit ihrem Verstand und ihrer Intelligenz? Sie waren einfache Tiere. Die Säugetiere, die seitdem entwickelt wurden, sagen wir vor 150 Millionen Jahren, wurden erst in den letzten 2 – 3 Millionen von Jahren intelligent und denkend. Und innerhalb dieser kleinen Periode wurden Sie geschaffen. Von der Natur? Nehmen Sie 148 Millionen von Jahren für die Entwicklung von tierähnlichen Säugetieren, und dann 2 Millionen von Jahren für die Entwicklung von (mehr oder weniger) intelligenten Wesen wie Sie? Fragen Sie sich: Denken Sie tatsächlich, dass diese beschleunigte Entwicklung natürlich ist? Dann ist Ihre Art unwissender, als ich dachte. Wir haben uns nicht falsch entwickelt, sondern Sie.

Die Illojiim kamen aus diesem Universum, aus dem Sonnensystem, das Sie Aldebaran nennen. Sie waren eine sehr große, humanoide Art mit gewöhnlich blonden Haaren und einer sehr weißen Haut (sie mieden die Sonne, weil es ihre

Haut und Augen verletzte. Das war absolut unglaublich für eine sonnenliebende Rasse wie unsere). Sie schienen am Anfang intelligent und friedlich zu sein, und wir fingen eine mehr oder weniger freundliche Kommunikation mit ihnen an, aber später zeigten sie ihre wirklichen Absichten und Pläne: sie wollten die Affen zu einer neuen Rasse entwickeln, und wir waren ein beunruhigender Faktor für sie auf ihrem neuen Zoo-Planeten.

Als erstes fingen sie 10.000 oder vielleicht sogar 20.000 Ihrer Primaten-Vorfahren und verließen ihren Planeten für einige hundert Jahre. Als sie zurückkehrten, brachten sie Ihre Vorfahren zurück (jetzt Menschen). Dann verließen sie die Erde wieder für einige tausend Jahre, und wir lebten mit dem primitiven Vormenschen ohne bedeutende Probleme. Die Illojiim hatten ihren Verstand gefördert und ihre Gehirn- und Körperstruktur verbessert, und sie waren jetzt fähig, Werkzeuge und Feuer zu benutzen.

Die Illojiim kehrten innerhalb von 23.000 Jahren sieben Mal zurück und beschleunigten die Entwicklungsgeschwindigkeit Ihrer Rasse. Sie müssen verstehen, dass Sie nicht die erste menschliche Zivilisation auf diesem Planeten sind. Die ersten fortgeschrittenen Menschen, die zur gleichen Zeit mit weniger entwickelten Vormenschen lebten, existierte 700.000 Jahre vorher auf diesem Planeten (Ihre Wissenschaftler verstehen das nicht, weil sie nur die Knochen des Vormenschen und einige primitive Höhlen-Zeichnungen von fliegenden Maschinen fanden). Diese genetisch fortgeschrittene menschliche Rasse lebte mit uns, aber sie mied den Kontakt mit meiner Rasse, weil die Illojiim-Lehrer ihnen beigebracht hatten, dass wir böse seien.

Die Programmierung zur vollkommen Ablehnung anderer Spezies (insbesondere reptiler Spezies) ist äußerst tiefsitzend in jedem Eurer Individualbewusstseine. Diese alte Konditionierung stammt noch aus den Tagen Eurer dritten künstlichen Schöpfung und wird – um es biologisch zu sagen – als Informationsgenom von Generation zu Generation weitergegeben. Die Identifizierung meiner Spezies mit Mächten der Finsternis war eine primäre Absicht der Illojiim, die sich gern in der Rolle der Mächte des Lichts sahen – was an sich eigentlich ein Paradoxon darstellt, da jene humanoide Spezies extrem empfindlich gegen Euer Sonnenlicht war.

Nun, nach einigen Jahrhunderten beschleunigten die Außerirdischen, die ihre erste Schöpfung auslöschten, die Evolution mit einer zweiten und besserer Versuchsreihe und so fort und so fort. Die Wahrheit ist, dass Ihre moderne menschliche Zivilisation nicht die erste auf diesem Planeten ist, sondern schon die siebte.

Die sechste Zivilisation war diejenige, die vor 16.000 Jahren im sogenannten Bimini-Gebiet Städte baute, die Sie heute unter dem Meeresspiegel finden können. Die letzte Schöpfung, die der siebten Rasse, – Ihrer Serie – wurde vor 8.500 Jahre gemacht, und dies ist die einzige Schöpfung, an die Sie sich erinnern können und worauf sich Ihre religiösen Schriften beziehen. Sie verlassen sich auf archäologische und paläontologische Artefakte, die Ihnen eine falsche und kurze Vergangenheit zeigen, aber wie sollen Sie auch von den sechs Zivilisationen vorher wissen. Und wenn Sie Beweismaterial für ihre Existenz finden, leugnen und missdeuten Sie die Tatsachen. Dieses ist teilweise eine Programmierung Ihres Verstandes und teilweise reine Unwissenheit. Ich werde Sie im Folgenden nur über Ihre Schöpfung informieren, weil die sechs vorigen Menschheiten verloren sind und deshalb nicht wichtig sein sollten." (Auszug aus dem Lacerta-Interview)

Krieg im Himmel

In der Bibel, wie auch in vielen anderen Schriften auf allen Kontinenten, wird über einen Krieg im Himmel berichtet, der vor etwa 5.000 Jahren stattgefunden hat. Hierbei sind Flugmaschinen und Waffen eingesetzt worden, die in den alten Schriften mit einfachen, aber blumigen Worten der damaligen (für uns technisch unwissenden) Zeit beschrieben werden. Diese Beschreibungen sind dermaßen anschaulich, dass man sich das alles sehr gut mit unserer heutigen Vorstellungskraft ausmalen kann.

Auch die Wirkung mancher Götterwaffen entspricht durchaus unserer eigenen modernen Waffentechnik.

Die Schlacht der Götter

In viele alten Mythen und Legenden kann man die Anwesenheit von außerirdischen Lebewesen und fortschrittlichen Technologien finden. Nirgends jedoch wird so genau der Einsatz einer Atombombe und deren Nachwirkung dargestellt, wie in dem altindischen Mahabharata. Einem Mythos, der vor über 2000 Jahren in Sanskrit aufgeschrieben wurde und von einer gewaltigen Schlacht berichtet:

… einem einzigen Geschoss, das die Kraft des Universums in sich trug.

Eine weißglühende Säule aus Rauch und Flammen, heller als zehntausend Sonnen, erhob sich in all ihrem Glanz …

Es war eine unbekannte Waffe, ein eiserner Donnerkeil, ein gigantischer Todesbringer, der das ganze Volk der Vrischnis und der Andhakas zu Asche verbrannte …

Die Körper waren so verbrannt, dass sie unkenntlich waren. Ihre Haare und Nägel fielen aus. Tongefäße zerbrachen ohne ersichtlichen Grund, und die Vögel waren weiß geworden. Nach ein paar Stunden waren alle Nahrungsmittel vergiftet.

… Um diesem Feuer zu entgehen, warfen sich die Soldaten in die Flüsse und versuchten, sich und ihre Ausrüstung abzuwaschen …

Buch 16, Mausala Parva

Auch in diesem Text erfolgt die Schilderung einer vernichtenden Waffe.

Sektion 1

Als der nächsten Tag kam, brachte Samva wirklich einen Eisenbolzen hervor, durch den alle Vrishnis und Andhakas zu Asche verbrannt wurden.

Der Eisenbolzen sah aus wie ein riesiger Bote des Todes.

Als der König dies erfuhr, befahl er, dass der Eisenbolzen zu Pulver zermahlen werden sollte und dieses ins Wasser gestreut werden sollte. Und er gebot darauf hin, dass niemals wieder ein Vrishni oder ein Andhaka Wein herstellen durfte.

Buch 7, Drona Prava

Hier findet man die einzige Textstelle, die die Wirkung einer Narayanawaffe beschreibt.

Sektion 201

Von der Glut der Waffe versengt, taumelte die Erde vor Hitze.

Ungünstige Winde begannen zu blasen. Die Sonne hatte keine Hitze mehr...

Wolken brüllten Blut überschüttet. ...

Die Sonne schien sich zu drehen.

Das Weltall, das mit der Hitze versengt ist, schien in einem Fieberwahn zu sein.

Die Elefanten und anderen Wesen des Landes, das durch die Energie dieser Waffe versengt worden war, liefen wie wild umher. Selbst das Wasser wurde aufgeheizt, sodass die Wesen auch darin starben.

Ihre Haare und Nägel fielen aus. Tongefäße zerbrachen ohne ersichtlichen Grund, und die Vögel waren weiß geworden.

Nach ein paar Stunden waren alle Nahrungsmittel vergiftet. …

Buch 16, Mausala Parva

Sektion 2

In der Nacht fraßen die Ratten und Mäuse das Haar und die Nägel von den schlafenden Männern.

Sarikas zirpte, im Haus des Vrishnis. Der von den Vögeln gemachte Lärm hörte weder bei Tage noch bei Nacht auf.

... Viele Vögel schienen zu Tode erschreckt und hatten eine blasse Farbe, ihre Füße aber waren rot.

Diese Texte geben eine Darstellung von einem nuklearen Waffeneinsatz und beschreiben in ausschmückenden Worten eindeutig die Auswirkungen von Strahlungserkrankungen.

Weitere Überlieferungen der Weltraumschlacht

Raumstation im Ramayana

Die indischen Sagen beinhalten eine Menge Hinweise auf eine frühere Raumstation.

Im Ramayana wird der böse Ravana als „Geißel des Weltalls“ beschrieben, den Menschen auf der Erde nicht erreichen können. Der felltragende Held Hanuman fliegt dann in den Himmel, um die Stadt Ravanas zu zerstören. Auch Rama ist beteiligt, er schießt auf Raten des Wagenlenkers Matali die Waffe des Brahma ab. Als Ergebnis wird überliefert:

... und sie vermochte Menschen, Elefanten, Pferde, Tore, Schlösser und selbst Felsen zu spalten. Schrecklich anzusehen war sie, vom Blut zahlloser Opfer und ihrem Fleisch besudelt, und sie war feurig wie ein Blitz und gab einen donnernden Laut von sich. Die Massen löste sie auf, einen erdumspannenden Weckruf erzeugte sie, sie zischte wie eine große Flamme und war außerordentlich furchtbar.

Abb. 81: Bodennahe Explosion einer Atombombe

Später geht die grauenvolle Beschreibung noch weiter:

... und entzündete hier ein Feuer, wie das vom Ende der Welt ...

... Paläste brachen zusammen, zerfielen zu Staub wie Wohnungen der Himmlischen, wenn sie die Gnade nicht mehr hält ...

Gleich den Feuern zur Zeit der Weltvernichtung flammte der Brand, den Hanuman entzündet hatte, zum Himmel empor ...

...und mit der Gewalt von tausend Sonnen verzehrte das Feuer Lanka so vollständig, wie der wachsende Brand unter Donnergetöse das Weltei spaltet.

Besser kann man die Explosion eines atomaren Sprengkopfes nicht darstellen. Diese Schilderung ist so realistisch, dass jeder moderne Mensch sich daraufhin die explosive Gewalt vorstellen kann.

Raumstationen im Mahabharata

Im Mahabharata gibt es zahlreiche Hinweise auf Städte im Erdorbit. Eine davon war eine Stadt aus Stahl, eine Raumstation. Hier heißt der Erlöser, der diese Himmelsstadt mit einer ganz besonderen Waffe zerstörte, Arjuna. Wie auch im Ramayana gibt es hier als Folge einer Katastrophe Beschreibungen, die an den Einsatz von Atomwaffen erinnern.

Abb. 82: Drei Himmelsstädte über der Erde

Im Übrigen haben Arjuna aus dem Mahabharata und Rama aus dem Ramayana denselben Wagenlenker namens Matali, was darauf hinweist, dass beide indischen Überlieferungen dieselbe Katastrophe als zentrales

Element besitzen. Auch das Mahabharata beschreibt in allen Einzelheiten die Vernichtung der drei Städte im Himmel.

Einst hatten die tapferen Asuras im Himmel drei Städte. Jede von Ihnen war vorzügliche und geräumig. Eine war aus Eisen, die andere aus Silber und die dritte aus Gold gemacht … Sie waren gut gerüstet, so dass Indra keinen Weg fand, den Städten irgendeinen Schaden zuzufügen. Doch die Asuras quälten die Götter sehr, und so baten sie Rudra um Hilfe.

Und als die drei Städte am Firmament zusammenkamen, da durchbohrte sie Mahadeva mit seinem schrecklichen Pfeil mit den drei Knoten. Die Danacas waren unfähig, diesen Pfeil überhaupt anzusehen, denn er trug das Yuga Feuer in sich und bestand aus Vishnu und Soma.

Hier wird wieder die gewaltige Waffe beschrieben, bei der im weiteren Text auch der Blitz als Bestandteil erwähnt wird.

Raumstation im Matsyapurana

Im Matsyapurana, einer weiteren indischen Schrift, wird sogar von einem brennenden Ring im Himmel berichtet. Dies ist offenbar der Augenzeugenbericht von der Vernichtung einer Raumstation. Bekannter als dieser alte Text ist die bildliche Darstellung des brennenden Rings, in dem Shiva (der Zerstörer) tanzt. Auch die Beschreibung im Matsyapurana erinnert an den Einsatz von Atomwaffen.

Alsdann schlug zum Verderben für die Himmelsgegenden ein Ring von Feuer empor, wie eine Menge von Zungen des Todesgottes aussehend und wie der Aufgang von 12 Sonnen leuchtend. Als der Erdkreis von einer Anzahl fürchterlicher Sonnen versengt war, wurde die Reihe der Welten samt Beweglichem und Unbeweglichem sofort zu Asche.

… eine Masse kohlschwarzer, an die verbrannte Welt erinnernder Wolken. Sodann stürzte ununterbrochen die Last heftiger Regengüsse auf die Erde.

… und der Weltenbau durch den Anprall der beim Untergang einer Weltperiode tobender Stürme zertrümmert war, vereinigte sich augenblicklich zu einem unermesslichen Meer gewordenen Welt mit den Regenfluten, …

Abb. 83: Atomexplosion auf dem Bikini-Atoll

Entsprechend ist hier der Einsatz von Atomwaffen (Explosion über dem Wasser, wie bei den Atombombentests im Bikini-Atoll) und deren Auswirkung eindeutig dargestellt.

Auswirkungen von Atomexplosionen im Altertum?

Als im amerikanischen Bundesstaat New Mexico die ersten Atombomben zu Testzwecken gezündet wurden, stellten die Wissenschaftler fest, dass der Wüstensand durch die extreme Hitzewelle zu einem grünen Glas zusammengeschmolzen war. Eine Erkenntnis, welche die Archäologen aufhorchen ließ. Hatten sie doch solches Glas bei Ausgrabungen im Euphrat-Tal entdeckt. Bis dahin hatte man sich die Herkunft dieses Glases nicht erklären können - zumal es in Erdschichten gefunden wurde, die viele zehntausend Jahre alt sind.

Eine ähnliche Entdeckung wurde 1932 bei der Erforschung der Sahara gemacht: Im unwirtlichen, menschenleeren Südwesten Ägyptens fand man auf einem Gebiet von mehreren hundert Quadratkilometern große, bis zu 26 Kilogramm schwere Scheiben aus gelbgrünem Glas, die wahllos verstreut im Wüstensand lagen, gerade so, als ob ein Riese eine gigantische grüne Flasche zerschlagen hätte. Bis heute gibt es keine befriedigende Erklärung für die Existenz dieses „libyschen Wüstenglases".

Eine Theorie besagt, Blitze hätten in die Wüste eingeschlagen und den Wüstensand zu Glas verschmolzen. Das geschieht tatsächlich -nur entstehen dabei wurzelartige Verästelungen, sogenannte Fulguriten, und keine flachen Glas-Scheiben, wie sie in der Sahara gefunden werden. Eine andere Möglichkeit wäre ein Kometen- oder Meteoriteneinschlag. Dabei würde genügend Hitze frei, um weite Sandgebiete mit Glasscheiben zu überziehen. Allerdings gibt es in der Sahara keinen Einschlagskrater, was modernste Radarsondierungen eindeutig belegen. (Mögliche Hinweise auf die Vernichtung der 5. Menschheit?)

Abb. 84. Skelettfunde in Mohenjo-Daro

In Indien und Pakistan haben Archäologen alte Städte ausgegraben, die durch eine Atomexplosion zerstört worden sein könnten. In Harappa und Mohenjo-Daro wurden überall in der Stadt Skelette gefunden, die einfach auf den Straßen lagen. Ohne äußere sichtbare Ursache muss diese Menschen der Tod ereilt haben - schnell und überraschend, denn manche halten sich noch heute die Hände. Diese viele tausend Jahre alten Skelette weisen zudem eine außerordentlich hohe Radioaktivität auf, wie man sie sonst nur bei den Opfern von Hiroshima gemessen hat.

In den Ruinenstädten fand man auch Tongeschirr, das durch eine extreme Hitze zu schwarzen Steinklumpen geschmolzen war. In einer zwischen dem Ganges und dem Rajmahal-Gebirge liegenden Ausgrabung wurden zusammengeschmolzene Häuserfundamente und Stadtmauern zutage gefördert, die regelrecht verglast waren. Da es in diesem Gebiet keine Vulkane gibt, muss man annehmen, dass die Städte durch unnatürliche Hitzequellen zerstört wurden. Ebenso ist bis heute die Entstehung des Lonar-Kraters, 400 Kilometer nordöstlich von Bombay, ein Rätsel. Dieser gut 2.150 Meter breite Krater kann unmöglich durch einen Einschlag aus dem All entstanden sein, weil man überhaupt keine Spuren eines Meteors oder Kometen im Krater findet. Ist er vielleicht die Folge einer Atomexplosion?

Hat die Menschheit schon vor etlichen Epochen denselben Fehler begangen wie heute wieder die Großmächte? J. R. Oppenheimer, der „Vater der Atombombe", schien daran zu glauben. Er, ein Kenner der vedischen Literatur, zitierte nach dem ersten Atombombentest einen Vers aus der Bhagavad Gita: „Jetzt bin ich zum Tod geworden, zum Zerstörer der Welten - ich denke, wir alle fühlten uns so."

Als er sieben Jahre später während eines Vortrages an der Rochester University gefragt wurde, ob man beim Test von Alamogordo die allererste Atombombe gezündet habe, antwortete Oppenheimer rätselhaft: „Nun ja, zumindest in der modernen Geschichte."

Fremde Wesen aus dem All?

Die Vorstellung, dass unsere Erde von Wesen aus dem All besucht wurde, deren Heimat fremde Planeten in anderen Sonnen-systemen, manchmal sogar anderen Galaxien sind, ist den gläubigen Hindus seit Jahrtausenden geläufig. Die indischen Wissenschaftler beziehen heute die Erkenntnisse von Vimanas (außerirdische Fluggeräte) in ihre Forschungen mit ein.

Es ist in Indien schon seit Langem nicht mehr die Frage, ob solche Vimanas tatsächlich existiert haben. Natürlich existierten sie, davon sind die Forscher dort überzeugt. Vielmehr gilt es ihnen nun zu differenzieren, welche Vimanas von wem gebaut und benutzt worden sind und was aus den Beschreibungen in den alten Manuskripten für heutige Entwicklungen verwendet werden kann.

In der Vimana-Veda werden die verschiedensten Flugschiffe beschrieben. Manche dieser Maschinen stammten mit Sicherheit nicht von der Erde.

Abb. 85: Ein Vimana, wie es in den indischen Epen beschrieben wird

In den Texten ist die Rede von Rakshasas, den Wesen der Finsternis und Gewalt, die mit ihren Vimanas aus den Tiefen des Alls kamen. Doch andere fliegende Maschinen wurden von irdischen Konstrukteuren erschaffen - den Rishis. Sie waren keine Menschen, aber auch keine Götter. Wir können sagen, dass die Rishis eine eigene Art, eine ganz besondere Rasse von Wesen bildeten, die schon lange auf dieser Welt weilten, bevor die Menschen anfingen, nach dem Sinn ihrer Existenz auf der Erde zu suchen.

Nach menschlichen Maßstäben waren sie seit Anbeginn der Zeit hier und durchschritten die verschiedenen Yugas, die Weltzeitalter, an der

Seite der Götter und Menschen. Sie waren die Mittler zwischen der Welt des Göttlichen und der Welt der Menschen, die Hüter einer universellen Weisheit und ihrer allumfassenden Gesetzmäßigkeiten. Waren das möglicherweise die im Untergrund lebenden Dinosauroiden?

Andere Welten (Die Kabbala)

Es gibt ein jüdisches Geheimwissen über andere bewohnte Welten. Da die Juden mit ihren Wurzeln und ihrer Kultur eng mit den Schriften des Alten Testamentes verbunden sind, sollte man auch auf ihr Wissen schauen. Und zwar auf solches, das nicht gerade Bestandteil der Bibel ist, denn die Bücher der Bibel sind zensiert und weisen auf eine beeinflussende Richtung hin.

Die im Frühmittelalter niedergeschrieben Kabbala, die nur den Eingeweihten vorbehalten ist, enthält Angaben über andere Welten, die von Nachfahren der Menschen besiedelt worden sind.

Thebel

*Die Bewohner der Welt von **Thebel** essen alles aus dem Wasser. Sie sind allen anderen Wesen überlegen, und ihre Welt ist in Zonen aufgeteilt, in denen sich die Bewohner durch Farbe und Gesichter unterscheiden. Sie machen ihre Toten wieder lebendig. Die Welt ist weit von der Sonne weg.*

Thebel war eine relativ kühle, gemäßigte Wasserwelt. Die Oberfläche besaß lediglich einen großen Kontinent wie Australien und unzählige winzige und mittelgroße Inseln, die aus dem umfassenden Ozean aufragten. Es gab kaum eine nennenswerte Fauna, außer Insekten und kleineren Echsen. Dafür war die Flora aber sehr üppig. Ein Zwergmond umkreiste den Planeten in nahem Abstand und der Asteroidengürtel eines zerstörten Satelliten.

Erez

*Die Bewohner der Welt von **Erez** sind Nachfahren von Adam.*

Nach Beschreibung der Welt Erez, handelte es sich um einen noch relativ jungen Planeten, den vierten seiner Sonne. Die Oberfläche bestand aus zwei Kontinenten, von der Größe vergleichbar mit Asien und Afrika und einer Flora und Fauna, die der Erde vor ungefähr einer Million Jahre entsprachen. Zwei etwa unserem Mond gleichkommende Satelliten umkreisten den Planeten in unterschiedlichen Bahnen.

Adamah

*Die Bewohner von **Adamah** sind auch die Nachfolger von Adam, weil Adam sich über die Trostlosigkeit auf Erez beklagte. Sie bebauen die Erde und essen Pflanzen, Tiere und Brot. Sie sind meist traurig und bekriegen sich oft. Es gibt auf dieser Welt Tage, und die Gruppierungen der Gestirne sind sichtbar. Früher wurden sie oft von Bewohnern der Welt von Thebel besucht, doch die Besucher wurden auf Adamah von Gedächtnisschwäche befallen und wussten nicht mehr, woher sie kamen.*

Die dritte Welt einer G1-Sonne, von seinen Bewohnern Adamah genannt, bestand eigentlich aus einem Doppelsystem. Der den Planeten umkreisende Satellit hatte beinahe den gleichen Durchmesser wie Adamah selbst. Die beiden Welten standen so dicht beieinander, dass man die Strukturen auf den jeweiligen Oberflächen gut erkennen konnte. Auf Adamah gab es nur wenige Meere. Der Landanteil war überragend mit wenig abgerundeten Bergen, denn hierbei handelte es sich um einen sehr alten Planeten, der gerade am Ende der Lebenszone kreiste.

In der Kabbala werden insgesamt sieben Welten erwähnt, doch dem Autor sind nur diese drei Welten und deren Besonderheit als Illojiim-Konstrukt von den „Beschützern" mitgeteilt worden. Des Weiteren werden auch in den Sagen andere Völker Welten erwähnt, auf denen Menschen leben. Als Beispiel dienen hierbei die „Nordischen Helden und Göttersagen", die Sagen der „Hopi" und die „Indischen Epen".

Bericht über den Krieg mit den Illojiim

„Es gab einen langen Krieg zwischen uns und den Illojiim und auch zwischen bestimmten Gruppen der Illojiim selbst, weil viele von ihnen der Meinung waren, dass die Schöpfung menschlicher Arten wieder und wieder auf diesem Planeten keinen wirklichen Sinn macht. Die letzten Schlachten in diesem Krieg wurden vor 5.000 Jahren in der Umlaufbahn und Oberfläche gekämpft. Die Außerirdi-

schen benutzten mächtige Schallwaffen, um unsere unterirdischen Städte zu zerstören, aber wir waren fähig, viele ihrer Oberflächengebäude und Anlagen im Raum zu zerstören.

Die Menschen Ihrer Serie waren sehr erschrocken, als sie unsere Schlachten beobachteten, und sie schrieben es auf in Form religiöser Mythen (ihr Verstand war nicht fähig zu verstehen, was tatsächlich vorging). Die Illojiim erschienen der sechsten und siebten Rasse als Götter. Sie erzählten, dass es ein Krieg zwischen gut und böse ist, und dass sie das Gute und wir die böse Rasse sind. Dieses hängt natürlich vom Standpunkt ab. Es war unser Planet, bevor sie ankamen und bevor sie ihr Entwicklungsprojekt mit Ihrer Art anfingen. Meiner Meinung nach war es unser Recht, für unseren Planeten zu kämpfen. Es war vor 4.900 Jahren gemäß Ihrer Zeitrechnung, dass die Illojiim den Planeten wieder verließen, aus für uns unbekannten Gründen (dieses ist ein sehr wichtiges Datum für uns, weil viele unserer Historiker es einen Sieg nennen.) Tatsache ist, dass wir nicht wissen, was tatsächlich geschehen ist. Die Illojiim waren von einem Tag auf den anderen weg, mit ihren Schiffen verschwunden, ohne eine Spur, und wir fanden die meisten ihrer Oberflächenbauten, die von ihnen zerstört wurden.

Die Menschen waren ohne fremde Hilfe und entwickelten Ihre Zivilisation. Viele von uns standen in den kommenden Jahrhunderten mit bestimmten, südlichen Stämmen Ihrer Art in Verbindung, und wir waren fähig, einige von ihnen zu überzeugen, dass wir nicht das Böse sind, was die Außerirdischen wollten, dass Sie es glauben. Während der Zeit von vor 4.900 Jahren bis heute kamen viele andere außerirdische Arten auf den Planeten (einige von ihnen benutzten die alten Programmierungen Ihres Verstandes und spielten wieder Gott für Sie), aber die Illojiim selbst kamen nie zurück. Sie hatten den Planeten für eine Dauer einiger tausend Jahre verlassen, und so erwarten wir ihre Rückkehr eines Tages in der Zukunft, ihr Projekt zu beenden oder vielleicht auch die siebte Rasse auszulöschen, aber wir wissen tatsächlich nicht, was aus ihnen wurde.

Ihre aktuelle Zivilisation weiß nicht alles von Ihrem wirklichen Ursprung, von Ihrer wirklichen Vergangenheit, von Ihrer wirklichen Welt und Universum, und Sie wissen sehr wenig von uns und unserer Vergangenheit." (Auszug aus dem Lacerta-Interview)

An einigen Stellen weichen die Informationen, die der Autor von den „Beschützern" erhalten hat, von der Schilderung der Reptiloidin Lacerta ab. Das liegt daran, dass Lacerta keine geschichtlichen Studien in Bezug auf die Menschheit und ihre Kultur betreibt, sondern nur allgemeine Informationen darüber besitzt. Dennoch entspricht ihr Bericht über die Geschichte der Menschheit und die Illojiim und der daraus resultierte Krieg den Tatsachen.

Um es noch einmal auf den Punkt zu bringen: **Es war niemals geplant, dass unser Planet eine derart umweltzerstörerische Spezies wie den Menschen hervorbringt und heute für über 7 Milliarden solcher Wesen eine Heimat bildet.**

Mathematische Überbleibsel mit der Basis 12

Die Illojiim haben niemals ungerade Extremitäten (Finger und Zehen) bei sämtlichen ihnen bekannten Rassen kennengelernt. Alle humanoiden Körper basieren auf dem dualen System. Nur nicht die Geschöpfe unserer Welt. Ihre Wissenschaftler haben jede Möglichkeit ausprobiert, trotzdem ist es ihnen niemals gelungen, sechs/vier Finger oder sechs/vier Zehen genetisch über Generationen bei den Menschen zu konstruieren. Natürlich gab und gibt es einige Ausnahmen, die jedoch nur sporadisch auftreten. In der Hinsicht ist unser Planet etwas Außergewöhnliches.

Auch haben sie versucht den Menschen einen Teil der universellen Mathematik beizubringen, was aber zu keiner Zeit auf Grund der Genprogrammierung so richtig funktioniert hat. Nur einige wenige Resultate sind davon übriggeblieben:

- 12 Stunden
- 12 Monate
- 12 Tierkreiszeichen
- 12 in der Mythologie
- 12 in der Bibel
- 12 als symbolische Mengenangabe
- 12 als physikalische Mengenangabe
- 360 Grad-Kreis

Ruinen und Bauwerke

Puma Punku

Puma Punku ist ein Ruinenfeld in Bolivien auf der Hochebene des Altiplano, in ca. 4.000 m Höhe, westlich von La Paz. Die Trümmer sind ein Teil der archäologischen Stätte von Tiahuanaco.

Abb. 86: Das Ruinenfeld von Puma Punku

Über das Ruinenfeld verteilt liegen exakt gefertigte Monolithe mit schnurgeraden scharfen Kanten und Ausfräsungen. Auf den glatt polierten Oberflächen befinden sich teilweise wenige Millimeter schmale, völlig gerade Rillen mit präzise ausgeführten Bohrlöchern. Diese wahrlich meisterhaften „Steinmetzarbeiten" wurden an Steinblöcken aus Granit und Diorit durchgeführt, wovon letzteres mit einem Härtegrad von 8,4 nur von Diamant übertroffen wird - eine Herstellung derartiger Teile wäre also auch heute eine große technologische Herausforderung.

In Puma Punku sind buchstäblich reihenweise identische Formblöcke wie aus einer Massenfertigung zu finden. Man könnte beim Anblick durchaus glauben, dass die Teile aus einer Fabrik für Betonfertigteile stammen. Die Blöcke passen nach dem Nut-und-Feder-Prinzip wie ein riesiges Baukastensystem ineinander und können zu Mauern und Gebäudeteilen zusammengefügt werden.

Abb. 87: Komplizierte Formblöcke

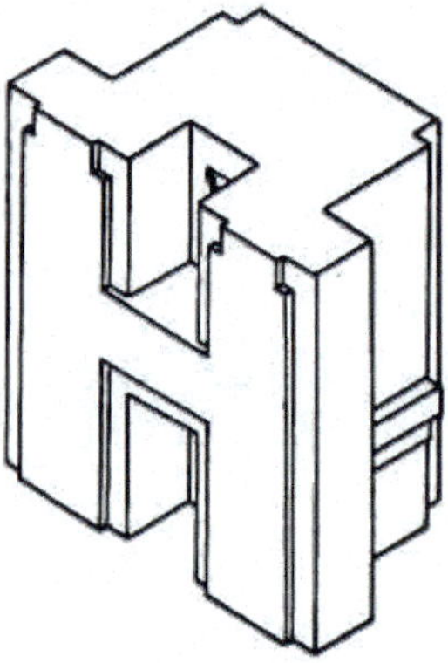

Abb. 88: Zeichnung von einem der H-Formblöcke

Das größte Einzelstück unter den Monolithen ist etwa acht Meter lang, fünf Meter breit, einen Meter dick und wiegt 131 Tonnen. Der nächstgelegene Steinbruch, der für das verwendete Gestein in Frage kommen könnte, liegt über zehn Kilometer von der Anlage entfernt.

Die offizielle Wissenschaft behauptet, dass Angehörige der Aymara-Kultur diese präzisen Maßarbeiten mit Steinwerkzeugen vollbracht haben sollen - die Tatsache ignorierend, dass diese keine Schrift und somit keine Baupläne besaßen und ziemlich sicher auch keine Wagen oder Zugtiere hatten.

Fragt man darüber die Indios, geben sie das als Antwort: ***„Hier lebten einst die Götter, als diese das Land verließen, zerstörten sie ihre „Wohnstätte“ in nur einer Nacht.“***

Pyramiden

Derartige Bauwerke gibt es überall auf der Erde. Sie unterscheiden sich lediglich in der Form und Größe. Aber **die großen Pyramiden auf der Ebene von Gizeh** (Ägypten) sind etwas Besonderes.

Bei diesen Bauten (Siehe Abb. 89) wird ganz deutlich, dass es Unterschiede in den Zeitabschnitten bei der Errichtung gab. Die drei großen Pyramiden waren die ersten und einzigen die in dieser Form und Größe erstellt wurden. Alle anderen wurden wesentlich später gebaut und sind zum Teil bereits im Verfall begriffen.

„Die Wahrheit ist, dass Ihre moderne menschliche Zivilisation nicht die erste auf diesem Planeten ist, sondern schon die siebte. Die Gebäude der ersten Rassen sind verloren, aber die fünfte Zivilisation war diejenige, die die großen dreieckigen Bauten errichtete, die Sie als Ägyptische Pyramiden bezeichnen, vor 75.000 Jahren. Ihre Ägypter fanden die alten Pyramiden und versuchten nicht sehr erfolgreich, ähnliche Bauten nachzumachen." (Interview Lacerta)

Abb. 89: Die Pyramiden von Gizeh, von Süden gesehen; im Vordergrund die drei kleinen Königinnenpyramiden, dahinter die Pyramide des Mykerinos, in der Mitte die des Chephren und rechts die des Cheops („Große Pyramide")

Zur Hochebene von Gizeh und der ursprünglichen Funktion der großen Pyramiden gibt es bei einigen alten Beduinenstämmen in der Wüste eine Sage: *Die Bauwerke wurden schon lange vor der großen Flut (Sintflut vor ca. 12.000 Jahren, Anm. d. Autors) erbaut. Die beiden mächtigen Pyramiden waren komplett mit weißen glattpolierten Kalksteinen verkleidet. Die damit geschaffene Oberfläche reflektierte die Sonnenstrahlung so stark, dass man tagsüber kaum in ihre Richtung schauen konnte. Deshalb nannte man sie auch „die Strahlenden".*

Die äußere (Cheops-Pyramide) trug auf der Spitze eine 10 Ellen (etwa fünf Meter) durchmessende Hohlkugel aus Kupfer. Wenn es Abend wurde und die Sonne unterging, kam die Nachtkälte. Dann tobte um die Pyramide ein Blitzgewitter, von der Kugel ausgehend, das man bis tief in die Wüste sehen konnte und dessen Donner Kilometer weit zu hören war.

Die Blitze schlugen in die ringsum stehenden Pfeiler (Obelisken) ein und gingen von dort aus auf die anderen über. Früher waren sie überall im ganzen Land aufgestellt.

Abb. 90: Unterste Lage der originalen Kalkstein-Verkleidung

Nach der großen Flut stahlen Räuber die Kugel und ein großer Teil der Pfeiler ist durch Erdbeben umgestürzt. Auch die glatte Außenhaut der Pyramiden wurde abgerissen und für andere Bauten verwendet.

Das gleiche, was auf der Ebene von Gizeh zu sehen ist, entspricht auch den Pyramidenbauten in anderen Regionen der ägyptischen Kultur. Nur dass hier im Gegensatz zu den großen Pyramiden keine Energieerzeugung und Weiterleitung der Energie als Funktion in irgendeinem Bericht oder einer Sage erwähnt wird.

Abb. 91: Obelisken am Karnak-Tempel

Die Pyramiden von Meroe liegen im Sudan, rund 200 Kilometer nordöstlich von Khartum in der Nähe des Dorfes Bagrawija. Sie lassen sich von der Lage her grob in drei Gruppen einteilen (Bagrawija Nord, Süd und West) und befinden sich über kleine Hügel verteilt, die rund einen Viertel Quadratkilometer groß sind. Insgesamt handelt es sich um mehr als 900 Pyramiden und Gräber, wobei sich die meisten bei Bagrawija Süd und West befinden.

Die meist aus Stein erbauten Pyramiden von Meroe sind mit einer Höhe von unter 30 Metern deutlich kleiner als die bekannten altägyptischen Pyramiden und dienten den Königen, Königinnen und hohen Beamten des historischen Reiches von Kusch in Nubien als Grabstätten.

Der Entstehungszeitraum reicht hauptsächlich von circa 300 v. Chr. bis etwa 300 n. Chr. Die erste Pyramide in Meroe, die sicher einem Herrscher zugeschrieben werden kann, stammt von Ergamenes, der um 280 v. Chr. regierte. Auch bei diesen Pyramiden erkennt man bereits den massiven Vergang.

Abb. 92: Der Nordfriedhof von Meroe

Abb. 93: Meroe-Pyramiden in zunehmendem Verfall

Die Pyramiden von Nuri sind Teil eines Friedhofes, der zu der nubischen Stadt Napata gehörte, deren Mittelpunkt am Berg Barkal lag.

Nuri liegt etwa acht Kilometer Luftlinie nordöstlich vom Berg Barkal an der Ostseite des Nils. Es ist noch ungeklärt, warum die kuschitischen Herrscher für ihre Pyramiden einen Ort auswählten, der von den zentralen Tempelanlagen so weit entfernt lag. Die vermutliche Wohnstadt Napatas, Sanam, befindet sich etwa fünf Kilometer südlich. Vom heutigen Dorf Nuri sind die Pyramiden einen halben Kilometer nördlich in der Sandwüste zu sehen.

Der erste König, der in Nuri eine Pyramide erbauen ließ, war Taharqa (um 690/664 v. Chr.). Es ist mit 29 Meter Seitenlänge an der quadratischen Basis die größte Pyramide. Die ersten Ausgrabungen erfolgten 1917 durch George Reisner, der in den Grabkammern unter der Taharqa-Pyramide neben vielen anderen Grabbeigaben über 1.000 Uschebti-Figuren fand. Da der Leichnam des Königs nicht gefunden wurde, gibt es auch Zweifel, ob Taharqa tatsächlich hier beigesetzt wurde.

Abb. 94: Hauptgruppe von Nordosten. Die Kapellen an den Ostseiten der Pyramiden fehlen. Im Gegensatz zu Meroe sind die Pyramiden im Kern nicht mit Bruchsteinen aufgefüllt, sondern aus denselben Steinen geschichtet, wie sie für die Außenwände verwendet wurden

Sein Nachfolger Tanotamun ließ sich an dem alten Bestattungsort al-Kurru begraben, während alle folgenden Herrscher und ihre Gemahlinnen in Nuri ihre Pyramiden hatten. Der letzte mit Sicherheit hier bestattete Herrscher ist Nastasen (um 330 v. Chr.).

Die Zikkurat des Mondgottes Nanna (sumerisch Etemennigur) ist eine altorientalische Zikkurat mit einer Basislänge von 62,5 × 43 Metern und einer Höhe von 25 Metern. Der frühantike Stufentempel liegt im Süden des heutigen Irak, ca. 15 km westlich von Nasiriya. Er wurde von den Sumerern in Ur unter der Herrschaft des Königs Ur-Nammu und seines Sohnes Šulgi vor über 4.000 Jahren erbaut.

Abb. 95: Zikkurat des Mondgottes Nanna (Nordostseite) im rekonstruierten Zustand

Die Zikkurat ist ein massiver Bau mit 2,5 m dicken Mauern aus gebrannten Lehmziegeln. Die Ecken des Gebäudes zeigen in die vier Himmelsrichtungen. Im Gegensatz zu anderen Zikkuraten unterscheiden sich die Höhen der Stufen stark: Die unterste Stufe hatte eine Höhe von elf Metern, die der zweiten und dritten Stufe werden auf 5,7 beziehungsweise 2,9 m geschätzt. An der Nordostseite führten drei Treppen zu einem Torhaus zwischen zweiter und dritter Stufe. Gekrönt wurde die Anlage durch den eigentlichen Tempel für den Mondgott Nanna.

Nicht nur in Afrika gibt es Pyramiden sondern auch in Mittel- und Südamerika. Diese unterscheiden sich jedoch gravierend von den klassischen Pyramiden.

Uxmal bezeichnet die Ruinen einer ehemals großen und kulturell bedeutenden Stadt der Maya in Mexiko. Die Ruinenstadt liegt in der leicht welligen Karstlandschaft Puuc auf der Halbinsel Yucatán im gleichnamigen mexikanischen Bundesstaat, etwa 80 Kilometer südlich von Mérida.

Die Stadt erlebte ihre Hochblüte am Ende des Späten Klassikums im 9. und frühen 10. Jahrhundert n. Chr., wurde aber bereits ein bis zwei Jahrhunderte später völlig verlassen. Die Bauten werden von der Adivino-Pyramide überragt, die wie die meisten Gebäude in Uxmal während der Besiedlung der Stadt immer wieder umgebaut und erweitert wurde.

Abb. 96: Pyramide des Zauberers (Nordwestansicht)

Chichén Itzá ist eine der bedeutendsten Ruinenstätten auf der mexikanischen Halbinsel Yucatán. Sie liegt etwa 120 Kilometer östlich von Mérida im Bundesstaat Yucatán. Ihre Ruinen stammen aus der späten Maya-Zeit.

Mit einer Fläche von 1.547 Hektar ist Chichén Itzá einer der ausgedehntesten Fundorte in Yucatán. Das Zentrum wird von zahlreichen monumentalen Repräsentationsbauten mit religiös-politischem Hintergrund eingenommen, aus denen eine große, weitestgehend erhaltene Stufenpyramide herausragt.

Abb. 97: Kukulcán-Pyramide

Im direkten Umkreis befinden sich Ruinen von Häusern der Oberschicht. Zwischen dem 8. und dem 11. Jahrhundert muss diese Stadt eine überregional bedeutende Rolle gespielt haben. Wie diese genau aussah, konnte bisher jedoch nicht geklärt werden. Einzigartig ist, wie in Chichén Itzá verschiedene Architekturstile nebeneinander auftreten. Neben Bauten in einem modifizierten Puuc-Stil gibt es Bauformen, die toltekische Züge aufweisen.

Dies hat man früher oft auf einen direkten Einfluss von Auswanderern aus Zentralmexiko beziehungsweise von Eroberern aus Tula zurückgeführt. Heute geht man eher von diffusionistischen Modellen aus und nimmt eine weitgehende Gleichzeitigkeit verschiedener Stilformen in den Monumentalbauten an.

Teotihuacán im mexikanischen Bundesstaat México ist eine der bedeutendsten prähistorischen Ruinenstädte Amerikas, die vor allem für ihre Stufentempel wie etwa die große Sonnenpyramide bekannt ist.

Das Gebiet von Teotihuacán war bereits seit dem sechsten vorchristlichen Jahrhundert permanent besiedelt. Zwischen 100 und 650 nach Christus war die Stadt das dominierende kulturelle, wirtschaftliche und militärische Zentrum Mesoamerikas. Auf dem Höhepunkt ihrer Entwicklung hatte sie möglicherweise bis zu 200.000 Einwohner. Damit war sie zu ihrer Zeit die mit Abstand größte Stadt auf dem amerikanischen Kontinent und eine der größten der Welt. Ab etwa 650 schwand ihr Einfluss, bis sie um 750 aus noch nicht vollständig geklärten Gründen weitgehend verlassen wurde. Ihre kulturellen Einflüsse prägten Zentralmexiko aber noch bis zur spanischen Eroberung Mexikos.

Abb. 98: Blick auf die Sonnenpyramide

Die Azteken fanden Teotihuacan bei ihrer Einwanderung ins Hochland von Mexiko bereits als Ruinenstadt vor, die seit Jahrhunderten verlassen war. Sie sahen in ihr einen mythischen Ort und gaben ihr den bis heute fortlebenden Namen Teotihuacan, der so viel bedeutet wie *„Wo man zu einem Gott wird"*.

Die Pyramiden von Túcume befinden sich nahe dem Ort Túcume im Verwaltungsbezirk Lambayeque in Nordperu, auf einem Areal von ca. 220 ha. Sie sind die größte bekannte Ansammlung von Pyramiden aus ungebrannten Lehmziegeln aus vorkolumbianischer Zeit. Die historische

Stätte wird von den Einheimischen auch Purgatorio, das Fegefeuer genannt. Es werden 26 große Pyramiden gezählt; insgesamt befinden sich in diesem Gebiet größenordnungsmäßig etwa 260 Stück. Die höchste misst aktuell noch etwa 30 m und wird „Huaca 1“ genannt. Von der Größe her noch beeindruckender ist die „Huaca Larga“. Mit einem Grundriss von 700 mal 280 Meter ist sie eine der größten Pyramiden der Welt (zum Vergleich: Cheops-Pyramide 230m x 230m; Pyramide von Cholula 450m x 450 m).

Abb. 99: Blick über einen der Huaca-Bezirke von Túcume

Die Archäologen sind der Ansicht, dass die Pyramiden um 1.100 nach Christus für religiöse Rituale erbaut wurden, als die Sicán sich aufgrund des durch den Niedergang der Mochica-Kultur um 700 nach Christus im Lambayeque-Tal entstandenen Machtvakuums ausdehnten. Es wird davon ausgegangen, dass die Lambayeque, mittelamerikanische Ureinwohner der Sicán-Kultur, in diesem Gebiet ein ausgedehntes administratives, militärisches und religiöses Zentrum unterhielten.

Caral ist die älteste bekannte Stadtsiedlung auf dem amerikanischen Kontinent. Sie liegt in Peru, etwa 200 km nördlich von Lima und 25 km landeinwärts der Pazifikküste im Tal des Rio Supe. Das Alter von Caral und seiner Kultur wurde anhand von Schilfsäcken mit der Radiokohlenstoffmethode auf ca. 5.000 Jahre datiert und gehört somit zum Präkeramikum des Andenraums, wie auch die Siedlungs- und Tempelanlagen von

Salinas de Chao (3.300 v. Chr.), La Galgala (3.000 v. Chr.) und das etwas jüngere Chuquitana.

Die Blütephase von Caral fällt in die sogenannte Initialphase (1.800–1.000 v. Chr.), in der der gesamte zentrale Andenraum einen großen Aufschwung erlebte, was auch an der Einführung der Keramik deutlich wird. Zeitlich reiht sich Caral in die bekannten Ursprungszentren der menschlichen Zivilisation neben Mesopotamien, Ägypten und Indien ein, ohne jedoch annähernd den Stellenwert dieser Hochkulturen zu erreichen.

Caral umfasst eine Fläche von 60 Hektar und besteht aus zwei kreisförmigen in den Boden eingesenkten Flächen. Begrenzt wird die Siedlung durch sechs flache, pyramidenförmige Erhebungen, von denen die größte 160 m lang, 150 m breit und 18 m hoch ist. Am Eingang der Pyramide befinden sich zwei 3,5 m hohe Monolithen aus Granit. Woher die Steine stammen, ist noch nicht geklärt. Die kleinste Pyramide ist 60 m lang, 45 m breit und hat eine Höhe von 10 m (Zum Vergleich: die etwa 1.000 Jahre ältere Cheops-Pyramide hat eine Höhe von 140 Metern und eine massive Steinummantelung). Die in den Boden eingesenkten Flächen erinnern an ein Amphitheater.

Befestigte Anlagen, Wehrgräben oder -wälle und Waffen, wie sonst in Peru üblich, wurden in Caral nicht gefunden.

Abb. 100: Pyramiden von Caral, Valle de Supe

Die Ausgräberin von Caral, Ruth Shady Solis vermutet, dass die Küstengebiete durch El Niño regelmäßig von verheerenden Überschwemmungen heimgesucht und die Einwohner hierdurch in das Wüstengebiet getrieben wurden. Tatsächlich ist das gesamte Tal von Bewässerungskanälen durchzogen und ermöglichte so den Anbau von Kürbis, Bohnen und besonders intensiv Baumwolle.

Pyramiden in China

Im asiatischen Raum ist man ebenfalls auf Pyramiden gestoßen.

In Xi'an, der Hauptstadt der chinesischen Provinz Shaanxi, existiert ein Pyramidenfeld von über 100 Pyramiden – die Größte, weiße Pyramide ist 300 Meter hoch (das ist doppelt so hoch, wie die große Pyramide von Gizeh!) und hat eine Basislänge von fast einem halben Kilometer.

Handelsreisende berichteten zwar schon im 20. Jahrhundert von der gigantischen Pyramide, bekannt wurde sie aber erst als der US-Air-Force-Pilot James Gaussman sie 1945, im zweiten Weltkrieg, sichtete und fotografierte – die Fotos wurden vom US-Geheimdienst unter Verschluss gehalten.

Am 28. März 1947 wurde sie vom US-Piloten Maurice Sheahan erneut gesichtet, er berichtete, dass die große Pyramide etwa 64 km südwestlich der Provinzhauptstadt Xian liegt und, dass er neben dieser „hunderte weitere" Pyramiden sah.

1991 wurden drei Pyramiden etwa 20 km vor den Toren Xians entdeckt, als man eine Schnellstraße baute, die den neuen Flughafen mit der Provinzhauptstadt verbindet.

Unweit der 500.000 Einwohner zählenden Stadt Xianyang liegt das Pyramidenfeld von Mao Ling, fast 100 Meter hoch erhebt sich dort ein Bauwerk, das seine Pyramidenform noch recht gut erhalten hat.

Abb. 101: Pyramidenfeld in der chinesischen Provinz Shaanxi

Etwa einen Kilometer von der Stadtgrenze Xianyangs entfernt steht eine mehr als 70 Meter hohe Pyramide. Oben auf ihr befindet sich ein regelrechter Einsturzkrater. Durch Jahrtausende währende Erosion musste ein darin befindlicher Hohlraum zum Einsturz gebracht worden sein

Weitere 17 Pyramiden verschiedener Höhe, teilweise vereinzelt oder auch in Gruppen von zwei bis drei Stück angeordnet, stehen in direkter Umgebung.

In einer 5.000 Jahre alten Aufzeichnung in einem buddhistischen Kloster werden die chinesischen Pyramiden als bereits „sehr alt" bezeichnet.

Auf Grund solcher globalen Informationen ist es definitiv klar, dass das Phänomen dieser besonderen Bauwerke nicht lokal, sondern weltweit und zeitunabhängig ist. Jedoch ist keine der bisher gefunden Pyramiden so perfekt errichtet worden, noch ist sie so gut erhalten, wie die großen Pyramiden auf dem Gizeh-Plateau. Weiterhin bestehen die meisten entweder aus gebrannten Lehmziegeln, Erdhügeln in Pyramidenform oder kleineren bis mittelgroßen Felssteinen, während man die drei großen Pyramiden mit tonnenschweren, glattgeschliffenen Felsbrocken, die fugenlos aufeinander geschichtet wurden, erbaute.

Unterirdische Anlagen

Bunkerstädte

Über 200 unterirdische Städte soll es in Kappadokien, Zentralanatolien (Türkei) geben. Einige davon mit bis zu 20 Stockwerken und einer Tiefe von 130 Metern. In den Städten sollten je nach Größe zwischen 30.000 und 180.000 Menschen untergebracht werden können. Dazu kommen nach entsprechende Kammern für die Nahrungsmittel- und Wasserversorgung. Alle Städte, von denen bisher nur einige entdeckt und auch nur in Teilbereichen erforscht sind, sollen durch kilometerlange Fluchtstollen miteinander verbunden sein. (Die Städte sind zwar noch nicht gefunden worden, sind aber durch Berichte der Einheimischen bekannt.)

Bei den wenigen bisher untersuchten Anlagen ist, ab einer Tiefe von nur wenigen Stockwerken, der darunterliegende Bereich zum größten Teil mit Schutt aufgefüllt. Deshalb können nur die oberen Stockwerke begangen werden. Durchgeführte Radar- und seismische Untersuchungen zeigten jedoch ein gewaltiges Ausmaß an Hohlräumen, die sich noch unter den bereits freigelegten Bereichen befinden. Auch die noch nicht untersuchten Regionen um die derzeitigen Forschungsobjekte, weisen auf abgestufte Hohlräume unterschiedlicher Dimension hin.

Abb. 102: Kappadokiens karge Felsenlandschaft

Bereits antike Autoren wie Plinius und Xenophon haben über die Städte berichtet. Von Xenophon liegt ein Bericht über griechische Kolonisten vor, die die verlassenen unterirdischen Städte im 4. Jahrhundert vor Christus eine Zeitlang bewohnten.

Um in eine unterirdische Stadt zu kommen, musste man zunächst in dem zerklüfteten Gebirge den Eingang finden. Jede Stadt hatte mehrere Eingänge, vor die bei Gefahr riesige, runde Steinplatten geschoben wurden. Auch die Hauptgänge im Labyrinth der unterirdischen Stadt konnten mit 200 bis 500 Kilogramm schweren Steinplatten verschlossen werden. Die Steine könnten außerdem als Schutz vor dem Feuer der damals noch aktiven Vulkane gedient haben. Um in den Höhlen nicht wie in einem unterirdischen Gefängnis eingeschlossen zu sein, bauten die Einwohner riesige, bis zu zehn Kilometer lange Tunnel bis zur unterirdischen Nachbarstadt.

In Kappadokien hat man bis heute 36 unterirdische Städte entdeckt, von denen nur ein kleiner Teil für Besichtigungen aufbereitet ist.

Kaymaklı, eine kleine Anlage, wurde Anfang der 1960er Jahre untersucht und dem Tourismus zugänglich gemacht. Die Anlage besteht aus acht Stockwerken, von denen fünf beleuchtet und für Besucher begehbar sind.

Abb. 103 und 104: Blick in die unterirdische Stadt Kaymakli

Ein dem Autor bekannter Bauingenieur kalkulierte die Konstruktionszeit bei einem kontinuierlichen und gleichzeitigen Arbeitseinsatz von 100.000 Menschen (mit entsprechender Ablösung) für 200 unterirdischen

Städte auf 23.000 Jahre plus minus 1.000. Als Grundlage dienten ihm Werkzeuge wie Meißel aus Weichmetall (Messing und Kupfer), Hämmer und Keile aus Stein oder Holz, sowie die vor 4.000 Jahren gängige Arbeitspraktiken. Zur Logistik gehörten damals wie heute weiterhin etwa 800.000 Menschen für Werkzeugherstellung, Nahrungsmittelanbau und -versorgung, Viehhaltung und weitere Tätigkeiten, die notwendig sind, um den Nachschub der Arbeiter sicherzustellen.

Berechnungen über die Gesamtanzahl der Bewohner, die alle Städte bei Gefahr aufnehmen konnten, ergaben Zahlen um die 20 Mio. Menschen.

Noch etwas ist bei der Berechnung zu berücksichtigen: Vor etwa 4.000 Jahren gab es weltweit verteilt auf allen Kontinenten maximal 200 Millionen Menschen.

Sieht man sich einmal die Gegend, Kappadokien und das gesamte Umland, genauer an, dürften die „Höhlenmenschen" bei dem Bau der Städte (vor etwa 4.000 Jahren, wie von den Archäologen behauptet), enorme Probleme gehabt haben. Weiterhin behaupten die Archäologen, dass es sich bei den unterirdischen Anlagen um sogenannte Fluchtburgen handelt, in die sich die Menschen bei Gefahr zurückzogen.

Da man damals als Waffen lediglich Messer, Keulen, Speere und Pfeil und Bogen kannte, wäre eine auf einem Berg gelegene Festung leicht zu verteidigen gewesen. Denn sind in die unterirdischen Gänge einmal Feinde eingedrungen, würde man sie niemals loswerden. Den Beweis für diese Annahme haben moderne Armeen in allen Ländern geliefert. **Außerdem flüchtet man nur in einen Bunker, wenn der Feind von oben (das heißt aus der Luft!) angreift.**

Unterirdische Kommandozentrale?

Das Hypogäum „Hal Saflieni" auf Malta ist eine ca. 5.000 Jahre (datiert auf Grund von Knochenfunden, die aus dieser Zeit stammen!) alte unterirdische „Kultanlage". Sie befindet sich in Paola, wurde 1902 durch Zufall entdeckt und stellt heute die einzige vollständig erhaltene Tempelanlage (?) der Neusteinzeit in Europa dar.

Die Tempelanlage (?) ist ein Höhlenlabyrinth, welches sich über bisher zum größten Teil erforschte drei Etagen erstreckt. Auf etwa 500 m² reicht das Hypogäum fast elf Meter tief in die Erde und beheimatet insgesamt 33 Räume, Kammern und Nischen. Mindestens 7.000 Skelette wurden durch Archäologen gefunden. Funde von Einzelknochen lassen auf insgesamt über 30.000 Bestattungen schließen. Offenbar wurde das Hypogäum im Lauf der Zeit als letzte Ruhestätte genutzt.

Auch hier wurden durch Radar- und seismische Messungen weitere Hohlräume geortet. Allerdings sind diese, genauso wie bei den Bunkerstädten in Kappadokien, verschüttet. Für die Bautätigkeit lassen sich die gleichen Berechnungen anführen, wie für die unterirdischen Städte. Zudem stellt sich die Frage, weshalb einen unterirdischen Totentempel so aufwendig zu erschaffen, wenn natürliche große Höhlen (davon hat Malta wirklich genug) den gleichen Zweck erfüllen.

Abb. 105: Das aufwendig und „modern" gestaltete Innere des „Hypogäums"

Unterirdische Rätsel in Ägypten

Die Megalith-Anlagen Ägyptens, angefangen mit den großen Pyramiden, sind auch heute noch mit vielen offenen Fragen verbunden. Weniger bekannt ist, dass es in Ägypten auch unterirdische Megalith-Bauwerke gibt, die nicht minder rätselhaft sind. Die meisten dieser ober- und unterirdischen Bauwerke sind ohne Inschriften, also anonym. Und wie die Bezeichnung „Megalith-Anlage“ sagt, ist auch die Größe der verwendeten Steine ein auffälliges Merkmal, wobei viele dieser Mega-Quader mit einer maschinenhaft anmutenden Präzision „zugeschnitten“ sind.

Im Herbst 2005 war es zwei Forschern, Armin Risi und seiner Lebenspartnerin Silvia Siegenthaler, möglich, zwei unterirdische Anlagen zu besuchen, die weitgehend unbekannt und für die Öffentlichkeit, ja sogar für „gewöhnliche“ Forscher verschlossen sind: die Monolithkammer bei der Unas-Pyramide von Sakkara und die Osiris-Krypta von Gizeh.

Die Schacht-Anlage bei der Unas-Pyramide

Diese unterirdische Anlage wird in keinem bekannten Ägyptologiebuch beschrieben. Sie befindet sich in der Nähe der Unas-Pyramide von Sakkara, 15 km südlich von Gizeh, und war nie für den normalen Touristenstrom zugänglich.

Seit Jahrzehnten schon wird der Schachteingang durch ein gemauertes Häuschen verborgen. Hierdurch ist es möglich ins Innere zu gelangen. In einigen älteren Büchern und Reiseführern wird diese Anlage, Serapäum (ohne nähere Beschreibung), unter dem Namen „Perserschacht“ erwähnt.

Der Zugang ist ein enger, fast quadratischer Schacht (1,5 m x 1,4 m), der ohne Treppen senkrecht rund 25 m in die Tiefe geht. In der Neuzeit ist jedoch eine Stahlwendeltreppe eingebaut worden. Der Schacht führt in eine Basiskammer, von der drei Gänge abgehen, einer nach rechts, einer nach links und einer geradeaus (Richtungsangabe aus der Perspektive, wenn man mit dem Rücken zur Wand steht, wo der senkrechte Schacht herunterkommt). Die Gänge, die nach rechts und nach links gehen, führen jeweils (nach einer bzw. zwei Abbiegungen) in eine hohe Kammer mit Tonnengewölbe. Sie sind heute leer, aber große Teile der Wände und das gesamte Gewölbe sind mit pharaonischen Inschriften versehen. Das Gewölbe hat eine einheitliche Dekoration: fünfzackige weiße Sterne auf blauem Grund, so wie dies auch in der Unas-Pyramide der Fall ist.

Abb. 106: Die Unas-Pyramide von Südwesten

Wenn man den senkrechten Schacht herunterkommt, sieht man an der gegenüberliegenden Seite der Basiskammer einen kurzen, engen und niedrigen Gang, in dem sich in gleichen Abständen drei Torrahmen aus Granitbalken befinden. Der Gang ist etwa 4 m lang, 1,5 m hoch und 0,8 m breit. Und diese Kammer hat es buchstäblich in sich!

Sie ist knapp 3 m breit, 5 m lang und in der Längsachse 3,5 m hoch (diese Kammer hat ebenfalls ein Tonnengewölbe). Gegen die Rückwand der Kammer versetzt, befindet sich im Steinboden eine wannenartige Vertiefung von rund 50 cm, die aussieht, als sei sie mit Zirkel und Lineal vorgezeichnet und dann herausgestochen worden. In den Boden dieser Vertiefung ist eine 30 cm tiefe Wanne aus dunklem Hartgestein (Granit, Basalt oder Diorit) eingelassen, und zwar rundherum perfekt bündig.

Längs dieser zweistufigen geometrischen Wanne stehen je drei niedrige, klotzige Steinsäulen. Auf diesen Säulen ruht - auf halber Höhe des Raumes - ein glatt bearbeiteter Monolith. Dieser Monolith, der die Breite der Kammer fast ausfüllt, aber auf keiner Seite die Kammerwand berührt, ist 4,3 m lang, 2,5 m breit und 1,25 m hoch. An der Stirnseite weist er zwei längliche, pufferartige Fortsetzungen auf. Sein Gewicht beträgt demnach fast 40 t. Die Unterseite ist glatt und eben, die Oberseite etwas gerundet.

Die klotzigen Säulen, auf denen dieser Monolith heute abgestellt ist, stammen aus der Neuzeit, genauso wie die unförmige Furche auf dem Boden. Der große Monolithdeckel lag ursprünglich auf dem Boden direkt auf der Wanne!

Die Ausgräber haben die Furche in den Boden gehauen, um den Monolith mechanisch anheben zu können. Dann mauerten sie die Steinsäulen und legten den Monolith darauf. Diese Hebeaktion ist auch der Grund, warum die glatte Unterseite des Monolithen mehrere Verletzungen aufweist.

Abb. 107: Der Monolith im Serapäum

Dieser 40 t schwere Monolith ist ein Rätsel! Er passt weder durch den senkrechten Schacht noch durch den engen Gang, der in die Kammer führt. Wie ist dieser Mega-Stein dann in die Kammer gebracht worden?

Die einzige Erklärung wäre, dass er aus dem Gestein der Kammer besteht, das heißt, dass dieser Quader beim Heraushauen der Kammer entstanden ist, indem die Kammer quasi um den Quader herum herausgemeißelt wurde. Dann müsste er aber aus demselben Gestein wie der gesamte Untergrund bestehen, nämlich aus dem hellbraunen Kalkstein. Der Monolith ist aber dunkel, viel härter als Kalkstein und schwarz-rötlich körnig. Möglicherweise ist dies eine Art Rosengranit, wie man ihn vor allem von den Bauwerken in Gizeh kennt.

Granit gehört zu den härtesten Gesteinen. Zurzeit von Cheops und Unas verfügten die ägyptischen Arbeiter nur über Kupfermeißel und Holzhämmer zur Bearbeitung. Die Polierung der Granitquader soll durch Sandreiben erfolgt sein. Dies könnte man vielleicht glauben, wenn es zum Beispiel nur den „Sarkophag" in der Königskammer der Cheops-Pyramide gäbe. Doch es wurden Hunderte von Granitsteinen mit Gewichten bis zu 80 t mit maschinenhafter Präzision zugeschnitten und montiert. Derartige Granitquader sind also nicht seltene Ausnahmeleistungen, sondern die Regel. Praktisch alle Granitquader sind perfekt bearbeitet! Das Zuschneiden solch großer Granitblöcke übersteigt nicht nur die Kapazität der pharaonischen Arbeiter, sondern auch die moderner Granitschneidemaschinen!

Granit kommt in ganz Unterägypten nirgendwo vor, auch im Untergrund nicht! Die Gesteinsschicht über der Kammer ist nie durchbrochen worden. Der Monolith ist also nicht nachträglich durch eine große Öffnung in die Kammer hinabgeseilt worden, und man kann auch nicht behaupten, die „Grabkammer" sei um den „Sarkophag" herum gebaut worden, wie dies beim „Sarkophag" in der Königskammer der Cheops-Pyramide gesagt wird. Die Frage bleibt also: Wie kam der Monolith in diese unterirdische Kammer?

Ein weiterer Punkt der eine Überlegung wert ist: Der nächstgelegene Ort, wo Rosengranit zu finden ist, befindet sich in Assuan – rund 1.000 km südlich der Pyramidenfelder. Wie wurden diese Felsblöcke von dort herbeigeschafft? Etwa über Baumstämme gerollt oder einem Schlitten gezogen und anschließend mit einem Papyrusboot den Nil herab geschifft? Äußerst unwahrscheinlich!

Die Osiris-Krypta von Gizeh

Die unterirdische Anlage in Gizeh, die offiziell „Osiris-Grab" genannt wird, ist nur Insidern bekannt. Sie ist hermetisch verschlossen und sogar für die meisten Forscher unzugänglich. Aber irgendwie hat es sich ergeben, dass sich diese Tore für zwei Außenseiter öffneten, als sie dort waren. Es sei wichtig, so hieß es, dass sie dies sehen und dokumentieren und auch bekannt machen. So konnten sie in diese Anlage hinabsteigen.

Das verbotene „Osiris-Grab" geht über drei Ebenen bis in eine Tiefe von rund 30 m. Mehrere Indizien, die sie in dieser Anlage entdeckten, weisen darauf hin, dass es sich hier nicht um eine Grabanlage handelt. Eingeweihte nennen diese Anlage deshalb nicht „Osiris-Grab", sondern „Osiris-Krypta", Krypta im wörtlichen Sinn von „das Verborgene; das Geheime; unterirdische Sakralanlage".

Der Einstiegsschacht in diese unterirdische Anlage befindet sich unterhalb des Aufweges, der vom Taltempel bei der Sphinx zur Chephren-Pyramide führt. Etwa auf halber Distanz zwischen Sphinx und Pyramide verläuft unter dem Aufweg ein Tunnel hindurch, eine grob herausgehauene Unterführung, und vor dieser Unterführung befindet sich der Einstieg.

Der erste Schacht, der von der Unterführung des Taltempel-Aufweges abgeht, führt in eine Kammer, die rechteckig und leer ist. Es gibt keinerlei Inschriften oder Malereien auf den Wänden. Sie ist etwa 2,5 m breit und 6 m lang.

Der Schacht kommt bei der einen schmalen Seite der Kammer herunter. Bei der gegenüberliegenden schmalen Seite befindet sich ein Schacht, der weitere 14 m in die Tiefe führt, und hier, auf der zweiten Ebene, wird es wirklich kurios.

Die zweite Felsenkammer ist – wie alle drei Kammern dieser Anlage – eine grob behauene Grotte, ohne die jegliche Inschrift und ohne die geringste Wandmalerei. In ihr befinden sich sieben Nischen, drei auf beiden Seiten und eine in der hinteren Wand, gegenüber dem zweiten Schacht.

In der mittleren Nische auf der linken Seite und in der dritten auf der rechten Seite stehen monolithische „Sarkophage". In der ersten Nische auf der rechten Seite befindet sich der Schacht, der zur dritten Ebene hinabführt. Die anderen Nischen sind leer und ziemlich saubergefegt.

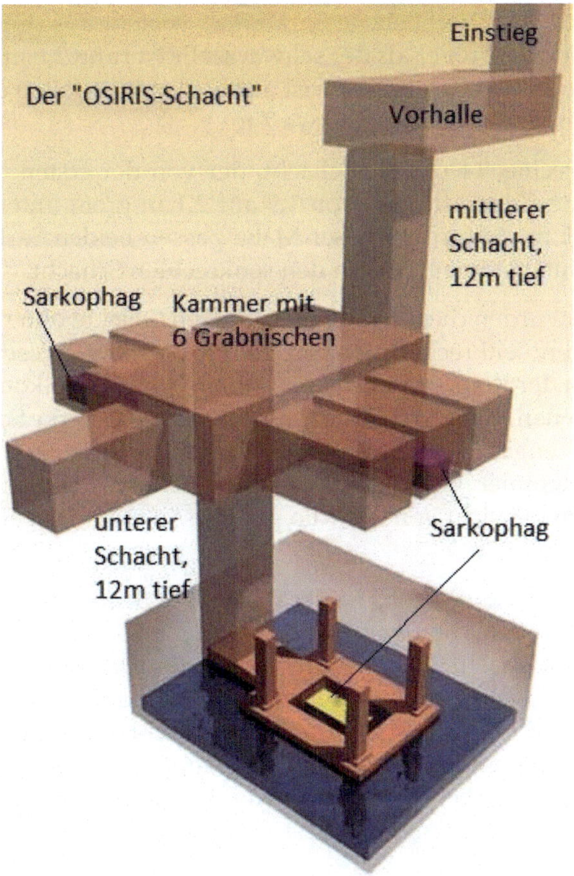

Abb. 108: Grafische Darstellung der Anlage

Der „Sarkophag“ in der mittleren Nische der linken Seite besteht aus tiefschwarzem Stein (Basalt? Diorit? Granit?). Die Innen- und Außenseiten sind perfekt glatt. Der Deckel ist zur Seite geschoben und ruht auf einem extra herausgehauenen Sims.

Die Höhe des Unterteils beträgt 1,05 bis 1,1 m, die Breite ist 1,1 m. Die hintere Seite ist gerundet. In der Mitte ist die Steintruhe 2,6 m lang, auf der Seite 2,45 m. Die Wände sind 23 cm dick, die Innenhöhe beträgt 70 cm. Dies ergibt ein Gewicht von rund 6 t.

Der zweite noch verbliebene Sarkophag besteht aus dunkelbraunem Stein und ist etwas größer als der schwarze. Er ist rund 2,6 m lang und 1,2 m hoch, oben ist er 1,3 m breit. Er ist auf beiden Stirnseiten etwas gerundet. Das ergibt ein Gewicht von etwa 7 t.

Der senkrechte, 14 m tiefe Schacht, der von der ersten in die zweite Ebene hinunterführt, ist oben von 1,9 auf 2,1 m groß, unten aber etwas enger: 1,8 x 2 m. Aufgrund dieser Maße passen beiden Sarkophage nur hochkantig äußerst knapp durch den senkrechten Schacht.

Aber wie wurden diese 6 und 7 t schweren Objekte ohne Flaschenzug den 14 m tiefen, senkrechten Schacht hinuntergehievt? Dieser Schacht befindet sich an der Wand der Kammer. Männer mit Seilen konnten nur auf einer Seite stehen, was den Sarkophag sofort in eine starke Schräglage gekippt und im engen Schacht schräg verkeilt hätte. Dazu kommt, dass die erste Felsenkammer höchstens etwa 30 Personen Platz bietet. Bei 6 t ergäbe das ein Gewicht von 200 Kilo pro Person, und das bei einem senkrechten Schacht!

Bei beiden „Sarkophagen“ ist der Deckel zur Seite geschoben und ruht auf einem Sims. Beim braunen Sarkophag, der einen etwas gröber behauenen Eindruck macht, ist die Unterseite des Deckels ebenfalls glatt. Ebenso ist der Sims, der viel breiter ist als der beim schwarzen „Sarkophag“, perfekt eben. Dieser Sims gehört offensichtlich zur ursprünglichen Form der Nische, und das zeigt uns: Es war von allem Anfang geplant, dass der Deckel seitlich gelagert wurde, das heißt, dass diese „Truhe“ meistens offen sein sollte. Das passt nun gar nicht zur offiziellen Grab- und Sargtheorie.

Die Positionierung der Deckel ist eines von zwei Hauptindizien, die darauf hinweisen, dass man es hier nicht mit einer Grabstätte und nicht mit Sarkophagen zu tun haben. Möglicherweise ist dies der ursprüngliche Zustand. Die Deckel dieser Steintruhen waren meistens zur Seite geschoben, und nur in gewissen Situationen wurden sie zugeschoben!

Das eine Indiz ist die Positionierung der Deckel, das andere ist der auffällige Gegensatz zwischen der perfekten Steinbearbeitung bei den „Sarkophagen" und der groben Behauung der Felsenkammern. Wenn jemand problemlos Basalt und Granit bearbeiten kann, kann er auch Kalkstein perfekt bearbeiten und hätte Kammern mit glatten Wänden meißeln können, um auf den Wänden Reliefs und Inschriften anzubringen, wie das bei allen Gräbern des Mittleren und des Neuen Reiches der Fall ist.

Aber hier liegt etwas ganz anderes vor: grob herausgehauene Wände und Nischen ohne irgendwelche Inschriften. Demgegenüber erblickt man glatt und perfekt gearbeitete Steintruhen, die ebenfalls ohne jegliche Inschrift sind. Das alles sieht nicht nach einer Grabkammer aus, noch nicht einmal nach einem Werk der Pharaonen. Hier waren andere Konstrukteure an der Arbeit.

Ein ebenfalls senkrechter Schacht führt von der zweiten zur dritten Ebene, zur unteren Krypta, hinab. Im Gegensatz zum ersten Schacht sind die Wände des zweiten und vor allem des dritten Schachtes sehr eben (mit sauber herausgearbeiteten Ecken), was erstaunlich ist, wenn man bedenkt, dass dieser Schacht für mindestens zwei Jahrtausende unter Wasser gestanden hat. Im dritten Schacht sieht man auch heute noch das auffällige Muster der Bearbeitung: ganze Flächen von einheitlich geschwungenen Meißelspuren.

In der Mitte befindet sich in einer rechteckigen Vertiefung im Boden ein „Grab" oder Steinbett aus Granit mit Deckel. Dieser „Sarkophag" ist wie eine Insel von einem schmalen Rahmen aus Wasser umgeben. Dieses enge Bassin wird umrandet von einem Rahmen aus dem ausgesparten Originalgestein des Bodens (Kalkstein, wie überall hier in Gizeh), außerhalb der Umrandung ist wiederum ein Graben in den Boden geschlagen, der mit einer breiteren Wasserfläche gefüllt ist, praktisch bis an den Rand der Kammer.

An den Ecken der mittleren Umrandung, der wie ein Steinrahmen aus dem Boden hervorsteht, befanden sich einmal vier Steinsäulen. Von diesen steht heute nur noch ein zusammengebröselter Überrest.

Der aus dem Boden ausgesparte Steinrahmen bildet eine etwa 1 m tiefe, rechteckige Vertiefung in der Mitte des Kammerbodens. Unter dem Deckel kam eine Wanne aus dunklem Granit zum Vorschein, die wiederum fast maschinenhaft bearbeitet war: glatte Längswände, die Stirnseite ist perfekt gerundet, alles aus einem einzigen Stück Granit.

Der Monolith-Deckel ist nach Schätzung etwa 1,2 m breit, 2,5 m lang und 0,5 m hoch, was ein Gewicht von rund 4 t ergibt. Der monolithische „Sarkophag“ ist etwa 6 t schwer. Auch hier muss man sich fragen, wie diese beiden Teile in die Tiefe von 30 m hinunter gebracht wurden. Denn auch ein Gewicht von „nur“ 6 t stellt große technische Probleme dar.

Auf der Hinterseite der Felsenkammer führt ein waagrechter Gang weiter. Dieser verläuft in Richtung Cheops-Pyramide. Dies bestätigte Dr. Zahi Hawass im Jahr 2000 in einem Interview, das auch heute noch auf seiner Website zu finden ist:

Noch rätselhafter sind die Angaben von der Schor-Expedition (1996 bis 1998). Diese war benannt nach dem Sponsor und Leiter dieser Expedition, dem amerikanischen Multimillionär und Edgar-Cayce-Anhänger Dr. Joseph Schor. Das Schor-Team untersuchte auch die Osiris-Krypta und machte dabei den ersten Vorstoß in die trockengelegte dritte Ebene.

Dr. Schor hatte für sein Team die damals modernste Remote-Sensing-Ausrüstung besorgt, die über eine Million Dollar kostete. Zusammen mit Experten wie Thomas Dobecki und Prof. James Hurtak entdeckte Schor mit diesen Geräten 2,5 m unterhalb der Granitwanne eine radartechnische Anomalie, die wie eine 2,5 m breite, halbrunde Decke von oben aussah. Diese Anomalie setzte sich mit einem Gefälle von 25 Grad fort und verlor sich weiterhin in Richtung Sphinx.

Schor und Hurtak meldeten diese Radarentdeckung bei Dr. Hawass – und durften nicht weitergraben, weil Schor nur die Erlaubnis für Filmarbeiten und Radarvermessungen hatte. Dr. Hawass übernahm die „Arbeit“ im darauffolgenden Jahr selbst und gilt heute als der Entdecker dieser Anlage, die er „Osiris-Grab“ nennt.

Gemäß Dr. Hawaß ist diese dreistöckige (inschriftenlose!) Anlage in zwei Etappen erbaut worden, und zwar um 1.550 v. Chr. und 550 v. Chr. Diese Zuordnung begründet er mit der Tatsache, dass auf der ersten und zweiten Ebene einige Tonscherben und Knochen aus dieser Zeit gefunden wurden! (Wie auch anders zu datieren! Anm. des Autors)

Das Sonnenheiligtum des Niuserre in Abu Gurab

Von insgesamt sechs urkundlich erwähnten Sonnenheiligtümern ist die noch relativ gut erhaltene Tempelanlage von Abu Gurab neben der des Userkaf bei Abusir, die einzige entdeckte ihrer Art. Sie liegt ca. 1.200 m nordöstlich von den Pyramiden von Abusir und war den Berichten zufolge das Abbild des verschwundenen großen Sonnenheiligtums von Heliopolis. Die Forschungen brachten die Struktur des Tempels zum Vorschein und ermöglichten eine genaue grafische Nachbildung der Anlage.

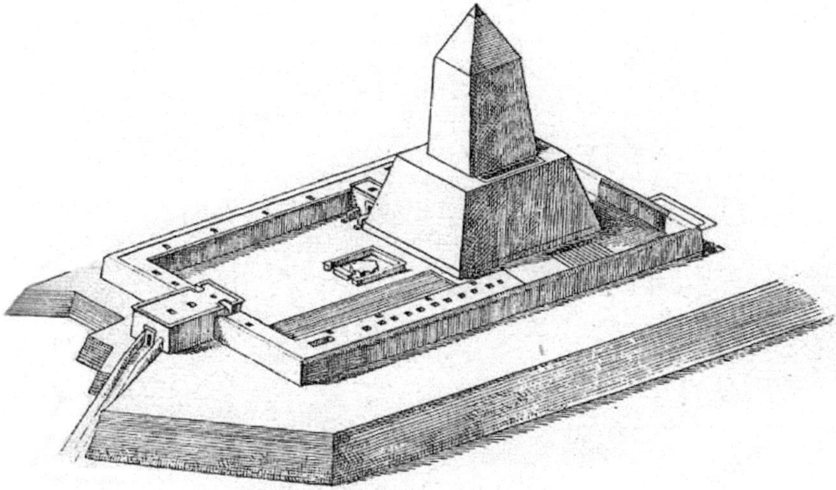

Abb. 109: Rekonstruierte Darstellung des Sonnentempels

Das Sonnenheiligtum des Niuserre besteht aus einem 75 m breiten und 100 m langen Hof, der von einer Ziegelmauer umgeben und von einem gewaltigen Sockel mit einem großen Obelisken beherrscht wurde.

Der Unterbau des Obelisken war aus großen Kalksteinblöcken errichtet worden und auf Sockelhöhe mit dunkel geböschten Granitplatten verkleidet. Der Sockel war 20 m hoch. In der Mitte des Unterbaues stand ein granitener Obelisk, von dem nichts mehr erhalten ist. Der Obelisk soll 37 m hoch gewesen sein. Man wusste, dass es sich um einen Obelisken handeln muss, nachdem man auf einigen Blöcken hinter dem Namen des Sonnenheiligtums die Bezeichnung für Obelisk gefunden hat.

Vor der Ostseite des Unterbaus befindet sich ein monumentaler Opferaltar von etwa 6 m Durchmesser, der aus fünf gewaltigen Alabasterblöcken errichtet wurde. Im nordöstlichen Teil befand sich der Schlachtplatz für die Opfertiere. Die Blutrinnen im Pflaster mündeten in zehn Alabasterbecken, von denen noch neun zu besichtigen sind. Ein zweiter Schlachthof befand sich nördlich vom Obelisken, wo auch mehrere Becken erhalten sind. Südlich der Anlage befindet sich eine Bootsgrube aus Lehmziegeln.

Abb. 110: Das Sonnenheiligtum heute

Wie gesagt, es handelt sich hierbei um den Nachbau des verschwundenen Sonnenheiligtums von Heliopolis. Den Berichten nach muss die Anlage gewaltig gewesen sein, wesentlich größer als der Sonnentempel des Niuserre. Während diese Anlage mit der Opfertätigkeit und Anbetung des Sonnengottes durch die Priesterschaft, eindeutig beschrieben ist, gibt es über das Original von Heliopolis keine Aussagen irgendeiner Opfertätigkeit zu Ehren eines Pharaos oder des Sonnengottes.

Aber derartige Bauwerke sind nicht nur in Ägypten zu finden. Auch in Asien, der Mongolei, existieren Anlagen, die ähnlich aussehen, wie die ägyptischen Sonnenheiligtümer.

Abb. 111: Grabmale in der Mongolei

Leider gibt es hierzu kaum Informationen, denn nur wenige Forschungsarbeiten, sofern sie überhaupt durchgeführt werden dürfen, sind dokumentiert.

Eine moderne Version des Monolithen

Der Delta Clipper oder auch DC-X (genaue Bezeichnung McDonnell Douglas DC-X) war ein verkleinerter, unbemannter Prototyp einer einstufigen, wieder verwendbaren Trägerrakete, gebaut von McDonnell Douglas im Auftrag der NASA, des US-Verteidigungsministeriums und der Strategic Defense Initiative Organization (SDIO). Das Fluggerät wurde von vier RL-10A5-Triebwerken angetrieben, die von den Triebwerken der Centaur-Oberstufe abgeleitet waren. Treibstoffe waren flüssiger Wasserstoff und Sauerstoff.

Ein Prototyp führte 1993 bis 1995 acht Testflüge durch. Danach wurde der Prototyp in eine modifizierte Konfiguration, die als DC-XA oder auch als Clipper Graham bezeichnet wurde, umgebaut. DC-XA führte insgesamt vier Flüge durch, bei denen er eine Höhe von bis zu 2.500 Meter erreichte. Der Prototyp wurde bei seinem letzten Flug bei der Landung zerstört, als ein Landebein nicht ausgefahren wurde und das Gerät nach dem Aufsetzen umkippte und explodierte.

Abb. 112 und 113: Der Delta Clipper im Flug

Wenn man nun die Form des Delta-Clippers mit der Darstellung des Obelisken von Abu Gurab vergleicht, tun sich eindeutig Parallelen auf. Damit bekäme eine Information aus der uralten Sage der Beduinen einen Sinn, denn darin heißt es dazu, *„Das Sonnenheiligtum wurde zeitgleich mit den großen Pyramiden von Gizeh errichtet, und man flog von dort aus (mit dem „Obelisken") zu den Sternen. Die Stadt Heliopolis selbst ist erst lange nach der Sintflut von einem ganz anderen Volk erbaut worden."*

Weltweite Megalith-Technik

Auf der ganzen Welt gibt es gewaltige Steinkomplexe, die aus vergangenen Epochen stammen. Diese Anlagen bestehen aus tonnenschweren Felsen, die in ihrer Struktur und Form einzigartig verarbeitet sind. Zudem besitzen sie keinerlei aussagende Inschriften, so dass sie nicht irgendeinem Volk zugeordnet werden können. Trotzdem gibt es bautechnische Hinweise auf eine gleiche Kultur, die das alles weltweit vor der Sintflut (vor circa 11.800 Jahren) geschaffen hat. In den nachfolgenden Berichten sind einige der Megalith-Bauten auf unterschiedlichen Kontinenten aufgelistet, deren charakteristische Konstruktionen gleich sind.

Der Cephren-Taltempel (Ägypten)

Von der Chephren-Pyramide in Gizeh führt ein heute noch recht gut erhaltener „Aufweg“ zum so genannten Taltempel des Chephren. Da man darin bei den Ausgrabungen einige Chephren-Statuen gefunden hat, wird der Tempel dem Pharao Chephren zugeordnet.

Bei dem Taltempel handelt es sich um einen relativ großräumigen Bau, der in Megalith-Bauweise aus Granitblöcken hergestellt worden ist. Dadurch unterscheidet er sich auffallend von anderen Tempelbauten. Wie in den Gizeh-Pyramiden wurde hier nicht nur der fugenlose Zusammenbau schwerster und größter blank polierter Rosengranitblöcke praktiziert. Zusätzlich haben die unbekannten Konstrukteure eine Bautechnik angewendet, die auch auf dem südamerikanischen Kontinent verwendet wurde. Die Granitblöcke sind nicht nur sauber über und nebeneinander verbaut, sondern auch so bearbeitet, dass sie Ecken- und Winkelaussparungen aufweisen. Die Fugen zwischen den einzelnen Blöcken sind so fein, dass nicht einmal eine Messerklinge hineinpasst. Auf Grund der Aussparungen sind derartige Bauten erdbebensicher konstruiert und halten deshalb Jahrtausende.

Abb. 114: Der Taltempel des Cephren

Abb. 115 und Abb. 116: Die Mauern des Taltempels mit den speziell zugeschnittenen Aussparungen

Es ist nicht zu erklären, wie die Altägypter, denen die Ägyptologie bis zum heutigen Tag nur Kupferwerkzeuge zubilligt, ohne entsprechendes Spezialwerkzeug, die harten Granitblöcke exakt rechteckig und millimetergenau plan bearbeitet haben sollen. Auch der Transport der tonnenschweren Steine ist für die damaligen Menschen mit deren Mitteln undurchführbar gewesen.

Der Taltempel mit allen Anbauten und Innenräumen ist und war völlig schmucklos und ohne jede Inschrift, genauso wie die Innenräume der Cheops- und der Chephrenpyramide. Alle Inschriften, die dort zu finden sind, wurden von den Ägyptern erst viel später angebracht. Es gibt auch keine Inschrift, die das Bauwerk irgendeinem ägyptischen Pharao zuordnet. Des Weiteren unterscheidet sich der Megalith-Bau des Taltempels extrem von den späteren ägyptischen Bauwerken.

Der Totentempel der Hatschepsut

Der Totentempel der Hatschepsut stammt aus der 18. Dynastie (Behauptung der Archäologen. Anm. d. Autors) und ist der am besten erhaltene Tempel in Deir el-Bahari am Westufer des Nil in Theben. Auffällig ist seine eigenwillige Architektur. Die Pylone sind durch offene Pfeilerhallen am Anfang je einer Terrasse ersetzt. Der komplette Tempel ist aus Kalkstein errichtet.

Der gesamte Talkessel von Deir el-Bahari ist hauptsächlich den Göttern Hathor und Amun-Re geweiht, daneben auch Horus in Chemmis, Anubis, Amun und Iunmutef. Der Tempel wurde bis in ptolemäische Zeit genutzt. In koptischer Zeit entstand auf dem Tempel das Phoibammon-Kloster. Das Kloster wurde bis ins 11. Jahrhundert genutzt und von verschiedenen Bischöfen besucht. Der Totentempel der Hatschepsut ist ein sogenanntes Millionenjahrhaus.

Der Tempel wurde innerhalb von ca. 15 Jahren, vom 7. bis zum 22. Regierungsjahr der Königin Hatschepsut, erbaut. Der Haushofmeister Senenmut wird als Architekt angesehen, worauf verschiedene versteckte Darstellungen Senenmuts und das Vorhandensein des für ihn geplanten, unvollendeten Grabes (TT353) unter der ersten Terrasse deuten

Abb. 117: Der Bezirk des Totentempels der Hatschepsut

Abb. 118: Wandaufbau im Innern des Hatschepsut-Tempels als Indikator für einen uralten Standort aus vorsintflutlicher Zeit

Neben Senenmut waren noch Hapuseneb, Nehesy, Djehuti, Minmose an der Errichtung des Tempels beteiligt, was durch Namenssteine belegt ist, die im Tempel und in den Rampen verbaut wurden. Während der Damnatio memoriae, von der auch Königin Hatschepsut betroffen war, wurde der Tempel stark zerstört. Viele Wanddarstellungen und Statuen wurden vernichtet.

Das ist die offizielle Version, doch wer sich die inneren alten Bauteile des Tempels genauer ansieht, wird die gleichen Ecken- und Winkelaussparungen wie beim Cephren-Taltempel entdecken. Damit entstammt der ursprüngliche Teil mit Sicherheit der gleichen Epoche, wie der Taltempel. Die Elemente, die als Tempel darum gebaut wurden, entsprechen dem ägyptischen Baustil.

Cusco (Peru)

Der Sage nach wurde die Gegend in grauer Vorzeit von den Tampus, einem Volk der Quechua-Indianer, bewohnt. Sie sollen die ersten Menschen gewesen sein - älter seien nur die Götter. Um das Jahr 1200 herum gründete demnach der erste Inka Manco Cápac, der Sohn der Sonne, mit seiner Schwester Mama Ocllo die Stadt. Das Wort Cusco (Qusqu) entstammt dem Quechua und bedeutet „Nabel der Welt". Schon allein durch die Sage wird klar, mit welchen Zeitabschnitten die Inkas rechneten.

Genauere Überlieferungen gibt es erst vom 9. Inka, Pachacútec Yupanqui. Während seiner Regierungszeit von 1438 bis 1471 erweiterte er das Inkagebiet in den Zentralanden vom Titicacasee bis nach Junín. Das Reich wurde nach den vier Himmelsrichtungen aufgeteilt (auf Quechua Tawantinsuyu, tawa - vier, suyu - Land), seine Flagge war die Regenbogenfahne (Wiphala) und Cuzco entwickelte sich zum wirtschaftlichen und kulturellem Zentrum. Diese vier Himmelsrichtungen sind im Andenkreuz als Balken repräsentiert, das Loch in der Mitte repräsentiert Cuzco. Die Stadt war zudem in zwei Stadthälften gegliedert, Ober-Cusco (Hanan Qusqu) und Unter-Cusco (Urin Qusqu). Die ersten fünf Inka-Herrscher, die den Titel Sinchi (quechua, „Kriegsherr", eigentlich „stark") trugen, herrschten von Unter-Cusco aus, die nachfolgenden Herrscher mit dem Titel Sapa Inka residierten in Ober-Cusco.

Pachacútec Yupanqui ließ in der Umgebung landwirtschaftliche Terrassen (Inka-Terrasse) zum Anbau von Mais errichten, um damit die Versorgung der Bevölkerung zu gewährleisten. Kanäle zu den Flüssen Saphi

(Quechua: „Wurzel“) und Tullumayu („Knochenfluss“), die durch die gesamte Stadt führten, versorgten die Einwohner mit frischem Wasser und hielten die Stadt sauber.

Túpac Yupanqui übernahm 1471 als 10. Inka die Herrschaft des Reiches von seinem Vater. Unter seiner Führung errang das Inkareich die größte Ausdehnung. Durch Eroberungszüge konnte er das Gebiet zwischen Quito im heutigen Ecuador und Santiago in Chile dem Reich einverleiben. Hohe Würdenträger der unterlegenen Stämme wurden nach Cuzco berufen und mit wichtigen Verwaltungsfunktionen betraut. Dieser geschickte Schachzug sorgte nicht nur für innere Ruhe, sondern ließ Künstler, Denker und Wissenschaftler ansiedeln.

Abb. 119: Inkamauer von Cusco

Sacsayhuamán (Peru)

Die Ruine der Inkafestung Saksaywaman ist eine der bedeutendsten Sehenswürdigkeiten aus der Inkazeit und befindet sich in unmittelbarer

Umgebung der peruanischen Stadt Cuzco. Sie liegt etwa 3 km oberhalb des Stadtzentrums. Wahrscheinlich sollte diese Anlage den am meisten gefährdeten Zugang zur Stadt schützen.

Tatsächlich verschanzten sich während der spanischen Eroberung Hunderte von Kriegern hinter ihren Mauern. Bei den Kämpfen wurde die Anlage teilweise zerstört, später auch noch von Erdbeben heimgesucht, so dass heute nur noch etwa ein Drittel von ihr erhalten ist.

Sacsayhuamán sollte aber auch repräsentativen Zwecken dienen und die Macht und Leistungsfähigkeit der Inka demonstrieren. Gegen eine Deutung als Verteidigungsanlage sprechen indessen Bauformen, die am ehesten auf Heiligtümer hinweisen, wie Nischenplätze, kreisförmige Arenen von etwa 100 m Durchmesser und ausgebaute Treppen in einzeln stehenden Felsblöcken.

Abb. 120: Megalith-Festungsmauer komplett erbaut mit „verzahnten" Felsblöcken

Sieht man sich die alten Mauern der Inkastadt Cusco und der Festung Sacsayhuamán an, wird jedem sofort klar, dass es einen Zusammenhang mit den Megalith-Bauwerken in Ägypten geben muss. Es handelt sich eindeutig um den gleichen Baustil von Ecken- und Winkelaussparungen schwerer Granitblöcke, die ohne Mörtel zusammengefügt wurden.

Unvollendeter Obelisk von Assuan

Dieser bearbeitete gewaltige Felsblock in der oberägyptischen Stadt Assuan ist ein nicht fertiggestellter Obelisk aus Rosengranit. Aus diesem Hartgestein wurden Sarkophagkammern, Verkleidungen, Scheintüren, Gangwände der Innenräume, Pfeiler, Säulen und Türkonstruktionen gefertigt.

Abb. 121: Der unvollendete Obelisk

Der Obelisk befindet sich in einer Grube im nördlichen Bereich der altägyptischen Steinbrüche in und um Assuan, etwa einen Kilometer südöstlich des Nils. Mit einer Höhe von 41,75 Metern auf einer Basis von 4,2 × 4,2 Metern sowie einem Gewicht von etwa 1.168 Tonnen wäre er bei Fertigstellung der größte Obelisk des Altertums gewesen.

Von der Entstehungszeit des Obelisken ist nichts bekannt. Von den Ägyptologen wird vermutet, dass er unter der Königin Hatschepsut begonnen wurde und für den Tempel von Karnak bestimmt war. Risse im Material sollen zur Einstellung der Arbeiten geführt haben. Der untere

Teil des Obelisken ist immer noch mit dem Fels, aus dem er geschlagen wurde, verbunden. An dem Objekt sind Spuren späterer Teilungsversuche erkennbar, möglicherweise aus der Zeit Thutmosis' III. Die keilförmigen Vertiefungen, die an einer Stelle aneinander gereiht am Obelisken erkennbar sind, stammen aus der Römerzeit. Sowohl die Teilungsversuche als auch die Versuche mit Spaltkeilen wurden ohne Erfolg beendet.

Wer waren die Erbauer?

Trotz der vielen Rätsel und offenen Fragen die sich aus den Megalith-Bauwerken auf allen Kontinenten ergeben, wissen wir eines mit Bestimmtheit: Die Völker Mittel- und Südamerikas genauso wie die alten Ägypter glaubten nicht an ein Weltbild, wie es die heutige Geschichtsforschung vertritt. Sie glaubten nicht an die Evolutionstheorie, und sie wussten, dass der Mensch kein evolviertes Tier ist. Sie sahen den Menschen als eine Schöpfung der Götter.

Die inschriftlosen unterirdischen Anlagen, wie die Osiris-Krypta oder das Serapäum von Sakkara, sehen tatsächlich wie eine Art von Zweckbau aus. Wenn es hier um Technologie ging, dann bestimmt um eine ganz andere, als die heute bekannte. Im Laufe der Zeitalter können dieselben Objekte aber für unterschiedliche Zwecke verwendet worden sein (siehe das Hypogäum von Malta).

Pyramiden, Megalith-Bauten, gigantische Obelisken und unterirdische Anlagen, deren Zweck uns heute nicht bekannt ist, weisen mit keinerlei Merkmalen auf ihre Erbauer hin.

Was sagen die alten Ägypter über deren Erbauer? Sie schweigen über diese inschriftenlosen Mega-Bauwerke, wohingegen alle pharaonischen Bauwerke ausnahmslos Inschriften aufweisen, meistens mit der eindeutigen Nennung des Bauherrn.

Eine oft übersehene Tatsache ist, dass die Pharaonen nirgendwo von sich behaupten, sie hätten die Pyramiden oder die anderen Megalith-Anlagen gebaut! Auch in den Pharaonenlisten wird niemand als solches Baugenie bezeichnet. Es ist die moderne Ägyptologie, die aufgrund ihres Weltbildes die großen Pyramiden von Gizeh und Dahschur, die Sphinx, den Taltempel, das Sonnenheiligtum von Heliopolis und die „Totentempel“ sowie die beschriebenen unterirdischen Anlagen allesamt den Pharaonen zuordnen.

Technische Artefakte aus dem Ural

Goldsucher fanden in den 1990er-Jahren im Ural-Gebirge im Gebiet des Flüsschens Narda sonderbare Gegenstände, sogenannte „Spiralen“. Die Größe der Fundstücke variieren von 0,003 Millimetern bis fast 3 Zentimeter.

In den Jahren darauf wurden auch in weiteren Gebieten, wie an den Flüssen Kozhim und Balbanju, diese Artefakte entdeckt.

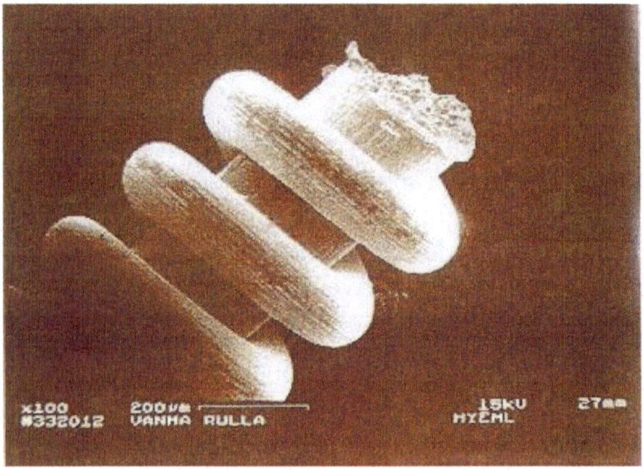

Abb. 122: Erst bei 100facher Vergrößerung wird das Phänomen deutlich. Der Messstrich unten zeigt die Länge von 0,2 Millimeter! Hoch-Technik, der der unseren nicht nachsteht, und dies vor Zehntausenden von Jahren!

Die Untersuchungsergebnisse ergaben unter anderem, dass ein Teil der Spiralen aus Wolfram besteht mit spiegelglatter Oberfläche, mit Spuren von Löchern, mit Kernen aus Wolfram oder Molybdenium und aus Draht, der zu Spiralen gewickelt war. Man hatte auch Kupferspiralen gefunden, die größer als die Wolframspiralen waren. Die Formen und die Konfiguration der Spiralen sind sehr speziell. Messungen zeigten, dass die Proportionen der Spiralen den „Goldenen Schnitt“ aufweisen

Dr. Valerie Ouvarov aus St. Petersburg ist überzeugt, dass der Bereich, in dem diese fremdartigen Spiralen gefunden wurden, ursprünglich eine große Empfangs- und Sendeantenne war, und dies vor Zehntausenden von Jahren! Ouvarov nimmt an, dass die Möglichkeit bestehe, dass die vorzeitliche Anlage bei einem „Krieg der Sterne" aus dem Weltall zerstört wurde. Diese Theorie enthält fundierte Anhaltspunkte, denn viele „Spiralen" wurden innerhalb einer schweren Substanz gefunden, u. a. in Gestein, das unter großer Hitzeeinwirkung geschmolzen ist - und das in Sekundenbruchteilen - wie beispielsweise von einem Hochenergiestrahl aus dem Weltraum oder durch den Einsatz von Atomsprengköpfen.

In der heutigen Technologie setzt man solche Mikroelemente zur präzisen Steuerung von Großraumüberwachungsanlagen wie Radargeräte oder astronomische Radioantennen ein.

Abb. 123: OTC-Antenne in Ceduna, Südaustralien

Die Spiralen wurden in verschiedenen Labors untersucht und bestätigen eine wissenschaftliche Sensation. In den Untersuchungsberichten werden die mikrotechnischen Fundstücke auf ein Alter zwischen 20.000 und 300.000 Jahren datiert.

Auf Grund der vom Autor untersuchten Möglichkeiten mehrerer Menschheiten, passt dieser Fund zur Periode der 5. menschlichen Art vor

75.000 Jahren, die genau mit dieser Technologie ausgerüstet gewesen sein dürfte.

Flugmodelle aus der Vergangenheit

Das Museum der Staatsbank von Bogotá, Kolumbien, hat unter seinen nicht zu zählenden Exponaten einige ganz erstaunliche Funde aus der Frühzeit verborgen: Kleine Goldflieger, die als Grabbeigaben entdeckt wurden. Diese ganz erstaunlichen Darstellungen aus Kolumbiens Vergangenheit sind von den Archäologen als Vögel, Insekten, Fische oder eine mythische Kombination derselben interpretiert worden.

Die nicht zu übersehenden Stellungen der „Flügel", der „Heckflosse" und anderer Hinweise auf Flugzeuge, fielen wahrscheinlich erst dem US-Historiker I.T. Sanderson auf, der nach nur etwas genauerem Hinsehen feststellen musste, dass kein Vogel, kein Fisch oder sonst ein Wasser- und/oder Lufttier jene Merkmale aufweisen kann, die eben diese prähistorischen Flieger zeigen. Aufgrund der Tatsache, dass die „Flugzeugmodelle" aus purem Gold gefertigt waren, können die Modelle auch nicht „minderwertigen" Zwecken gedient haben, denn Gold war das Metall der „Götter".

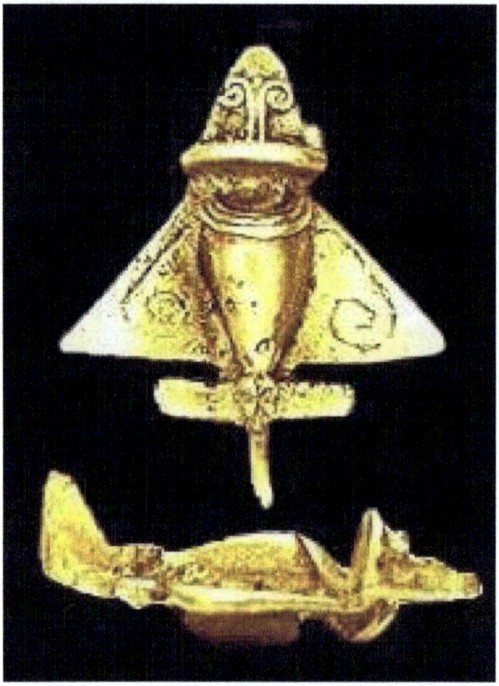

Abb. 124: Goldflieger

Auffallend sind die Ähnlichkeiten zu einem Flugzeug schon. Wir haben hier fast einen sogenannten Deltaflügel, wie er erst seit kürzerer Zeit (geschichtlich gesehen) Verwendung findet, wie beim Space Shuttle.

Offensichtlich kann es sich nicht um Insekten handeln, denn Insekten haben kein nach oben gerichtetes Seitenruder!

Die Dimensionierung zwischen Tragflächen und Höhenruder einerseits sowie Seiten- und Höhenruder stimmt. Hier wurden bewusst Flugapparate abgebildet. Deshalb stellt sich folgende Frage:

Woher kannten diese Menschen Flugapparate und warum sind diese Artefakte in so vielen Gräbern beigelegt worden?

Dachte man, der Tote würde sie zum Transport ins Himmelreich benötigen? Das wiederrum würde heißen, dass man einen solchen Transport - ein Mensch fliegt in einem Flugapparat gen Himmel - gesehen oder die Information in Erzählungen weitergegeben hat.

J.A. Ullrich, ein Kampfflieger der Weltkriege, der nach seinen Einsätzen im aerodynamischen Lehrbereich tätig war, wurde von Sanderson das bekannteste Modell zur Ansicht vorgelegt. Er wusste nichts von der allgemeinen Interpretation der seltsamen Geräte, erkannte aber eindeutig Parallelen zu Flugzeugen - nicht aber zu Fischen. Das kleine Goldmodellflugzeug aus Kolumbien wurde selbst im Windkanal getestet. Diesen Auftrag übernahm Dr. Arthur Poyslee vom Aeronauticel Institute of New York, USA, der nach mehrfachen Versuchen im Windkanal zu dem Ergebnis kam, dass das sonderbare Gerät flugfähig ist. J.A. Ullrich bemerkte dazu: „Die Bauart ist nur für bestimmte Flugarten wertvoll; für extreme Flughöhe. Dieser Flügeltyp ist für die Atmosphäre bis zu 15.000 oder 18.000 Meter geeignet. Die Pfeilform der Tragflächen dient dazu, Schwingungen zu verhindern, wenn die Schallmauer durchbrochen wird. Es würde imstande sein, sich unter Wasser fortzubewegen, ohne dass die Schwingen abreißen. Um ein Fahrzeug mit hoher Geschwindigkeit durch ein solches Medium zu bewegen, müsste es in dieser Art konstruiert sein."

Luft- und Raumfahrtingenieure bescheinigen den Goldflugzeugen eindeutig hochmoderne aerodynamische Konstruktionselemente. Untersuchungen im Windströmungskanal am Aeronautical Institute, New

York, haben das bestätigt. Dadurch konnten auch die Archäologen widerlegt werden, welche die Goldflugzeuge als Vögel, Insekten oder Fliegende Fische missverstehen:

1. Die Deltageometrie der Tragflächen ist in konsequenter Tiefdeckerposition dargestellt. Alle flugfähigen Tiere sind hingegen Hoch- oder Schulterdecker.
2. Das exakt dazu dimensionierte Leitwerk mit der hoch aufragenden rechtwinkligen Seitenruderflosse sowie dem entsprechend horizontal angeordneten Höhenruder widerspricht jeder Vogeldarstellung.
3. Der dazugehörige Rumpf mit einem Tierkopfsymbol an der Spitze und einem vertikalen Spalt von etwa zwei, drei Millimeter zum anschließenden Rumpfsegment, ist ebenso ungewöhnlich. Er ist in zweckmäßiger Blasenstruktur gestaltet, einer Konstruktionsform, die erst bei modernen Transportflugzeugen sowie beim Space Shuttle geläufig ist.

Nach einigen Jahren der Ruhe um diese sonderbaren Entdeckungen nahmen sich die Deutschen Ancient Astronaut Society-Mitglieder Peter Belting sowie Dr. Algund Eenboom des Bogotá-Reliktes an. Sie wollten nach dem einst sehr positiv verlaufenen Windkanaltests nun praktisch nachweisen, dass die Form diese Funde tatsächlich flugfähig sind, was ihnen in hervorragender Weise auch gelang. Auch im Überseemuseum in Bremen liegen solche Objekte aus purem Gold. Ebenso liegt eines in Berlin. Auch diese wurden von Dr. Eenboom und Belting untersucht und es wurde ihnen sogar erlaubt, exakte Kopien anzufertigen.

Die beiden Vordenker fertigten Modell nach Vorlage der alten südamerikanische Relikte aus Kolumbien und Costa Rica an, bauten einen Motor und eine Steuerung via Fernbedienung ein und testeten ihre Rekonstruktion bei verschiedenen Gelegenheiten. Das erstaunte Publikum wurde in ihren Erwartungen bestätigt: Die Gerätschaften konnten fliegen und hatten dabei sogar ausgezeichnete Flugeigenschaften. Ein Beweis für frühe Flugzeuge unserer Ahnen? Nicht unbedingt, aber ein beeindruckendes Indiz, denn alle bisher angefertigten Objekte erwiesen sich als flugtauglich.

Abb. 125: Flugfähige Großmodelle

Die „Taube von Saqqara"

Im Mai 1898 wurden in Saqqara in Ägypten von den Archäologen zwei dieser rätselhaften „Flugzeugmodelle", man hielt sie für Darstellungen den in Ägypten allgegenwärtigen Horusfalken, ans Licht gebracht. Nach einer kurzen Untersuchung durch die Archäologen gab man ihnen die Fundnummer 6347 und ließ sie im Archiv des Museums von Kairo verschwinden.

Abb. 126: Die Taube von Saqqara

Über 70 Jahre vergingen. Doch 1969 begutachtete der Archäologe Professor Kahlil Messiha die Funde erneut, die im Archiv zwischen anderen „Horusfalken“ verwahrt wurden. Das bekannteste Modell (die „Taube von Saqqara“) wiegt lediglich 39,12 Gramm, ist 14 Zentimeter lang, 18 Zentimeter breit und hat eine Mininase von 3,1 Zentimetern. Doch nicht zu leugnen ist die Ähnlichkeit mit einem Flugzeug, vielleicht einem Segelflieger. Die Heckflosse steht senkrecht, die Flügel sind gerade und der Rumpf ist aerodynamisch geformt, eben wie ein Fluggerät, aber wie kein Vogel der Erde. Datiert wurde es auf rund 200 vor Christus.

Möglicherweise sind die Flugmodelle Erinnerungen an eine irdische Hochtechnologie, die vor tausenden von Jahren untergegangen ist.

(Menschliche Knochen können die Wissenschaftler mit ihren Messmethoden zeitlich datieren, Metalle und Steine nicht. Deshalb macht man sich das Datieren leicht, indem man derartige Fundstücke einfach den gefundenen Skeletteilen und nachträglich hineingepackten Statuetten zeitgemäß zuordnet. Anm. d. Autors)

Die Geschichte von Atlantis

Der griechische Philosoph Platon, um etwa 600 v. Chr., erzählt in seinem Dialog „Kritias“ die Geschichte von einem sagenhaften Kontinent jenseits der „Säulen des Herakles“ (Meerenge von Gibraltar). In aller Ausführlichkeit und Detailliertheit berichtet Kritias dem Gelehrten Sokrates den Weg der Überlieferung und die Geschichte von Atlantis selbst, bis hin zur Zertörung durch eine große Flut.

Der von Platon unvollendet hinterlassene Dialog über Atlantis, hat in den vergangenen Jahrhunderten eine Unmenge von wissenschaftlichen und unwissenschaftlichen Arbeiten, von Spekulationen und Phantasien angeregt, deren Autoren sich auf die Suche nach dem sagenhaften Reich gemacht haben. Tausende von Sachbüchern, Zeitschriftenartikeln wurden veröffentlicht, ebenso Romane und Gedichte oder auch Opern, in denen die Geschichte von Atlantis dargestellt wurde.

In diesem Auszug aus Platons Dialog über Atlantis, erfährt man über den Zeitpunkt des Untergangs des Inselkontinentes und dessen Position im Atlantik.

Abb. 127: Das Zentrum von Atlantis (Beschreibung Platons)

Timaios Kap. 3

Die Zahl der Jahre aber seit der Einrichtung unseres Staates ist bei uns in den geweihten Schriften auf achttausend Jahre angegeben. Von deinen vor neuntausend Jahren lebenden Mitbürgern nun will ich dir ganz kurz die Gesetze und die schönste Heldentat, die von ihnen vollbracht ward, berichten; das Genauere über alles der Reihe nach aber wollen wir ein andermal in Muße erörtern, indem wir die Schriften selber zur Hand nehmen.

Timaios Kap. 3

Auf dieser Insel Atlantis also entstand eine große, wundervolle Macht von Königen, welche die ganze Insel beherrschte sowie viele andere Inseln und Teile des Festlandes, außerdem herrschten sie noch über Gebiete diesseits der Säulen des Herakles, und zwar hier über Libyen bis Ägypten, über Europa aber bis Tyrrhenien. Diese ganze Macht nun verband sich zur Einheit und unternahm es einmal, euer und unser Land und das gesamte diesseits des Eingangs gelegene in einem Anlauf zu unterjochen.

Timaios Kap. 3

Als aber in späterer Zeit gewaltige Erdbeben und Überschwemmungen eintraten, versank während eines einzigen schrecklichen Tages und einer Nacht eure ganze Heeresmacht mit einem Male unter die Erde, und in gleicher Weise verschwand auch die Insel Atlantis, indem sie in das Meer versank. Dadurch ist auch das dortige Meer unbefahrbar und unerforschbar geworden, weil der in geringerer Tiefe befindliche Schlamm, den die untergehende Insel hervorbrachte, hinderlich ist.

Der Schlafende Prophet

Edgar Cayce (geboren am 18. März 1877 in Hopkinsville, Kentucky, USA; gestorben am 3. Januar 1945 in Virginia Beach, Virginia, USA) war ein US-amerikanisches Medium. Während er in Trance war, gab er Antworten zu Fragen über Themen wie Gesundheit, Astrologie, Reinkarnation und Atlantis. Die heute gebräuchliche Bezeichnung dafür ist Channeln oder Channeling. Cayce wurde zum Ende seines Lebens als der „schlafende Prophet" bekannt. Anfangs arbeitete er als Buchhändler und Fotograf. Seine Publikationen in englischer Sprache umfassen 300 Bände. Heute gibt es Edgar Cayce Center in den USA und 25 weiteren Ländern. Die Zentrale dieser Bewegung ist die Association for Research and Enlightenment (ARE) in Virginia Beach.

Abb. 128: Edgar Cayce im Oktober 1910

Cayce begab sich innerhalb von 43 Jahren zwischen 1901 und 1944 schätzungsweise rund 25.000 bis 30.000 mal in Trance; seine Antworten nannte er Readings (Lesungen). Bis 1923 wurden die meisten Antworten nicht aufgezeichnet. Derzeit sind rund 14.000 Readings verfügbar. Cayce gab an, sich nach einer Trancesitzung nicht mehr an das erinnern zu können, was er gesagt habe.

Die Informationen erhalte er über das Unbewusste, das seinem Bewusstsein nicht zugänglich sei. Ab 1923 zeichnete eine Sekretärin die Readings auf und die Sitzungen leitete Cayces Frau Gertrude Evans.

Eins der großen Themen seiner Readings war Atlantis:

Darin bekräftigte Cayce, dass Atlantis existierte. Er beschrieb es als einen großen Kontinent mit fortschrittlicher Technik im Bereich des Bermudadreiecks. Nach Cayce war die Gesellschaft von Atlantis in zwei Fraktionen geteilt. So gab es laut Cayce eine gute Fraktion namens Söhne der Gesetze des Einen (Sons of the Law of One) und eine böse Fraktion mit den Namen Söhne des Belial (Sons of Belial). Diese beiden Elemente wären in ständigem Kampf um die Herrschaft gewesen.

Abb. 129: Das versinkende Atlantis

Viele Menschen von heute seien Reinkarnationen von Seelen aus Atlantis, behauptete Cayce. Zudem gäbe es einen metaphysischen blauen Stein, der atlantischen Ursprungs und auf einer Insel in der Karibik zu finden sei. Dieser Stein soll nach Cayce auch heilende Kräfte besitzen. Kurios ist, dass 1974 tatsächlich ein meeresblauer Pektolith in der Dominikanischen Republik gefunden wurde, dem man heute in spirituellen Kreisen heilende Kräfte zuschreibt.

Außerdem erklärte Cayce, dass Atlantis im Zeitraum von etwa 40.00 Jahren drei große Zerstörungen erlitten habe, von denen die letzte in der Mythologie erwähnt werde. Diese soll ca. 10.500 Jahre vor Christus stattgefunden und zum Untergang geführt haben.

Bei dieser Katastrophe wären in einer großen Flut und starken Beben große Teile des Kontinentes im Meer versunken. Des Weiteren hätte die damalige Sintflut Auswirkungen auf die gesamte Welt gehabt. Flüchtlinge von Atlantis sollen Yukatan, die nordamerikanische Ostküste, sowie Iberien und Ägypten erreicht und Einfluss auf die bestehenden Kulturen gehabt haben.

Die Sphinx von Gizeh

Andächtig, elegant und beeindruckend liegt sie im Wüstensand und schützt seit mehreren tausend Jahren den Zugang zu den Pyramiden von Gizeh: die Sphinx, die nach arabischer Übersetzung eigentlich „Vater des Schreckens" oder zumindest „der" Sphinx heißen müsste.

Abb. 130: Die Große Sphinx von Gizeh, im Hintergrund die Pyramide des Cheops

Die Große Sphinx von Gizeh in Ägypten ist die mit Abstand die berühmteste und größte Sphinx. Sie stellt einen liegenden Löwen mit einem

Menschenkopf dar und wurde vermutlich in der 4. Dynastie um 2700–2600 v. Chr. errichtet (offizielle Version, Anm. des Autors).

Die Sphinx ragt seit mehr als vier Jahrtausenden aus dem Sand der ägyptischen Wüste, wobei sie die meiste Zeit bis auf den Kopf von Sand bedeckt war, was zu ihrer Erhaltung beitrug.

Die Figur besteht aus einem Menschenkopf auf einem Löwenkörper. Dieser setzt sich aus Rumpf, Vorder- und Hinterbeinen sowie einem Schwanz zusammen, der sich um den Oberschenkel des rechten Hinterbeins windet. Wobei In Relation zum Löwenkörper ist der Menschenkopf zu klein geraten. Wahrscheinlich wurde in früheren Zeiten, als die Sphinx von Sand bedeckt war, das Löwenhaupt in den der Kopf eines Pharaos, der von einem Kopftuch bedeckt ist, umgearbeitet. Die Nase ist abgebrochen.

Farbreste am Ohr lassen darauf schließen, dass die Sphinx ursprünglich bunt bemalt war. Sie wurde aus dem Rest eines Kalksteinhügels gehauen, der als Steinbruch für die Cheops-Pyramide diente. Neben der Sphinx wurde ein Tempel errichtet, der mit dem Taltempel der Chephren-Pyramide fast exakt in einer Linie liegt. Thutmosis IV. errichtete zwischen den Pranken der Sphinx die sogenannte Traumstele, deren Inschriften aus seinem Leben berichten.

Die Länge der Statue beträgt rund 73,5 m, wovon 15 m auf die ausgestreckten Vorderbeine entfallen. Das Gesicht der Sphinx ist 4 m breit, der Kopf mit Kopftuch 6 m. Die Höhe der Statue beträgt 20,2 m. Sie hatte die Aufgabe das Plateau von Gizeh zu bewachen. Die Sagen der Beduinen sprechen ehrfürchtig vom „Wächter über die großen Pyramiden". Des Weiteren heißt es dort, dass der Löwe schon vor der Sintflut existiert hat.

Im Laufe der Zeit wurde die Sphinx mehrmals von Sand befreit. So von Thutmosis IV., der daraufhin die sogenannte Traumstele zwischen den vorderen Pranken aufstellen ließ. Weitere Säuberungen erfolgten unter den römischen Kaisern Marcus Aurelius (161–180) und Septimius Severus (193–211).

Hinweis auf die „Hall of Records“

Mit seinen Prophezeiungen über das Rätsel und das Geheimnis der Sphinx, inspirierte Cayce die Fantasie der Menschen. Er behauptete, dass sich an den Pyramiden von Gizeh unter dem Sphinx eine riesige Halle befindet, bei der es sich um die „Halle der Aufzeichnungen“ handeln soll. Cayce war es auch, der jener großen Halle diese Bezeichnung gegeben hat, der „Ort des Wissens“, an dem bedeutungsvolle Artefakte einer alten Hochkultur als wichtige Hinweise für die Menschheit lagern. Was genau sich seit vielen tausenden Jahren dort befinden soll, ist nicht bekannt, aber die Artefakte sollen über 12.000 Jahre alt sein. Die Hinweise an diesem Ort halten Erkenntnisse auf die menschliche Herkunft sowie auf die Zukunft bereit. Offenbar wird die Existenz einer sehr großen Halle unter der Sphinx mittlerweile auch von der Schulwissenschaft zähneknirschend anerkannt. Edgar Cayce sprach in seinen Prophezeiungen von baldigen Entdeckungen, die einen Zusammenhang zwischen dem Auseinanderbrechen der Hochkultur Atlantis und der Aufbewahrung von atlantischen Aufzeichnungen über die Welt vor der Sintflut an verschiedenen Gegenden, u.a. in Ägypten, beweisen.

Edgar Cayce gab deutliche Hinweise auf den genauen Ort, an dem man nach der „Halle der Aufzeichnungen“ suchen müsste, nämlich beginnend bei der rechten Vordertatze der Sphinx. Der Pyramidenforscher Rico Paganini, Autor von „Giza Vermächtnis“ war 2003 in der Halle der Aufzeichnungen und bestätigt die Existenz alter Vermächtnisse.

Die unterirdische Stadt

Unter dem Wüstensand von Gizeh liegt eine riesige Anlage, die der Erforschung harrt. Dazu gehören Kammern und Hallen auf dem Plateau selbst, wie auch Räume außerhalb in Richtung Sakkara, die in den alten Überlieferungen oft „die unterirdische Stadt“ genannt werden. Allein der kleine Teil am Rand, den wir bei unserem Durchgang gesehen haben, lässt darauf schließen, dass Unterkunftsmöglichkeit für Hunderte bis Tausende von Menschen gegeben waren, wie es in alten Schriften und in den Smaragdtafeln überliefert wird und wie es nun schon mehrere voneinander unabhängige Erfahrungsberichte bestätigen. Neben engen Durchgängen respektive schmalen Schächten, wie wir sie aus den Pyramiden kennen, gibt es in diesen Bereichen auch höhere Gänge, in denen man aufrecht gehen kann. Die „unterirdische Stadt“ ist durch einen Gang mit dem Sphinx und den drei Pyramiden verbunden. Die Sphinx gilt - in den alten Überlieferungen wie bei den Pharaonen - als das Tor zur Unterwelt. Und es ist wirklich so, dass dort einer der drei Zugänge verborgen liegt, doch der eigentliche Eingang zu der weiträumigen unterirdischen Anlage liegt außerhalb des Plateaus. Dieser Gang führt zu den Kammern unter der Sphinx.

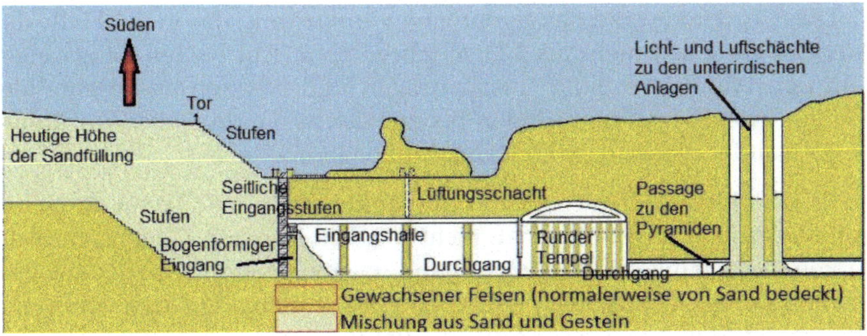

Abb. 131: Skizze der unterirdischen Anlage auf dem Gizeh-Plateau

Die Halle der Aufzeichnungen

Durch einen der drei Gänge gelangt man zu einem sehr langen gradlinigen Gang, der zweimal in einem bestimmten Winkel abknickt, und zu einem Tor führt. Dieses ist die Öffnung zu einer großen langgezogenen Kammer. Sie liegt tief unter der Erde und birgt das Vermächtnis in Form von „eingelagerten Artefakten“ einer Hochkultur vor unserer Zeitrechnung. Diese Gegenstände sind es, die viele Interessengruppen seit langem zu finden versuchen. Doch die Halle der Aufzeichnungen ist gut geschützt und kann nicht einfach so erreicht und betreten werden.

Die Halle ist sehr groß und jede andere Kammer ist dagegen ein kleiner Raum. Unvorstellbar, wie ein so großer Hohlraum aus dem Felsuntergrund geschnitten und diese Aushubmasse durch die engen Schächte und Gänge raustransportiert worden waren.

Der Raum ist als langgezogenes Rechteck angelegt, in der typisch megalithischen Bauweise wie die Königs-Kammer in der großen Pyramide oder der Sphinx-Taltempel mit dem roten Marmor oder das „Osireion" in Abydos. Offensichtlich liegt hier wieder eine heilige Geometrie zugrunde, und wie von Thoth überliefert, auch eine Zahlenentsprechung zum Menschen.

Das Vermächtnis in der Halle der Aufzeichnung sind die Artefakte

Diese Artefakte sind das eigentliche Vermächtnis, das in der Halle der Aufzeichnung seit mehr als 12'000 Jahren ruht. Auf beiden Längsseiten sind den Wänden entlang Aussparungen und Nischen ausgeschnitten, wie ein Riesenregal, vom Boden bis zur Decke. Darin stehen unzählige Gegenstände, fremdartige Objekte und Behälter.

Es wird sicherlich auch zu einem späteren Zeitpunkt, wenn die Situation in Gizeh sich geändert hat, nicht möglich sein, alle Gegenstände zu bergen, denn einige sind sehr groß und wiegen einige Tonnen. Teilweise erscheinen sie wie aus Stein, teils wie fremd anmutende Arten von Materialien und Metallen. Diese Halle, die tief unter dem Gizeh-Plateau liegt, birgt große Gaben für die menschliche Zivilisation, die sie später finden, erforschen und verstehen wird. Darin wird die Geschichte der Menschheit aufgezeigt. Seit über 75.000 Jahren. Es handelt sich hier um das Vermächtnis einer weit zurückliegenden Kultur vor unserer Zeitrechnung, eingebettet in diese eindrucksvollen, unterirdischen Anlagen, gekennzeichnet durch die vier gewaltigen überirdischen Megalith-Bauten, den drei Pyramiden und der Sphinx.

Die Sensation ist vorerst die Bestätigung, dass es diese „Halle der Aufzeichnungen" wirklich gibt, was bisher von der Ägyptologie und der Wissenschaft ins Reich der Märchen und Sagen abgetan wurde und mit der gängigen Geschichtsschreibung nicht vereinbar ist. Falls es gelingt, den Fund zu bergen, handelt es sich wohl um die bedeutendste archäologische Entdeckung, die die Menschheit je erlebt hat.

Die Orion-Theorie

Abb. 132: Das Sternbild des Orion

1994 erschien das Buch The Orion Mystery (dt. Das Geheimnis des Orion) des belgischen Ingenieurs Robert Bauval. Darin entwickelt er die Theorie der Pyramiden-Orion-Korrelation, die besagt, dass die Anlage der Pyramiden von Gizeh als Ganzes geplant worden sei, und zwar so, dass die relative Lage und Größe der drei Pyramiden des Cheops, Chephren und Mykerinos der Lage und Größe der drei Sterne Alnitak, Alnilam und Mintaka entsprechen, die zusammen den „Gürtel" des Sternbilds Orion formen.

Dem östlich der Pyramiden in einer Kurve nach Norden strömenden Nil entspricht laut Bauval am Himmel die Milchstraße, die zwischen der durch den Stern Beteigeuze markierten rechten Schulter des Orion und dem Sternbild der Zwillinge in ähnlicher Weise verläuft.

Weiter behauptete Bauval, die sogenannten Lüftungsschächte innerhalb der großen Pyramide, von denen je zwei von der Königs- und der Königinkammer ausgehen, seien auf die Kulminationspunkte bestimmter Sternkonstellationen bzw. Sterne hin orientiert:

Schacht	**Neigung**	**orientiert auf**
Königskammer (südlicher Schacht)	45°	Oriongürtel
Königskammer (nördlicher Schacht)	32° 38′	α Draconis (um 2800 v. Chr. nahe dem Himmelsnordpol)
Königinkammer (südlicher Schacht)	39° 30′	Sirius
Königinkammer (nördlicher Schacht)	39°	β Ursae Majoris

Da aufgrund der Präzession des Frühlingspunktes sich die Kulminationshöhen im Laufe eines etwa 25.700 Jahre dauernden Platonischen Jahres zyklisch ändern, seien die Schachtneigungen dann in guter Übereinstimmung mit den Kulminationshöhen, wenn man als Erbauungsdatum 2.450 v. Chr. annimmt. Allerdings muss man hier betonen, dass Bauval eine Software benutzte, die relativ ungenau die Sternkonstellationen berechnete, so dass sich hier bei den Jahrtausenden große Divergenzen ergeben.

In den folgenden Jahren veröffentlichte Bauval weitere Bücher, in denen er seine Theorie ausbaute, teilweise in Zusammenarbeit mit Graham Hancock, der wiederum die Theorie vertritt, die Große Sphinx sei nicht, wie von der Ägyptologie angenommen, zur Zeit des Alten Reiches um 2.500 v. Chr. erbaut worden, sondern viel früher, nämlich etwa 10.500 v. Chr., zu einer Zeit, als sich der Frühlingspunkt in das Sternbild des Löwen bewegte (daher der Löwenkörper des Sphinx). Zudem wäre dieses Erbauungsdatum in Übereinstimmung mit dem von Edgar Cayce genannten Zeitpunkt des Untergangs von Atlantis. Einige Geologen, darunter Robert M. Schoch, versuchten diese Theorie zu stützen, indem sie meinten, die Verwitterungsspuren an dem Sphinx würden ein entsprechend hohes Alter belegen.

Abb. 133: Die drei großen Pyramiden von oben gesehen, abgedeckt durch die Gürtelsterne des Orion.

Die ägyptischen Monumente als zeitlicher Schlüssel

In Ägypten sieht Hancock einen zeitlichen Schlüssel zum Verständnis der Altersdatierungen. Die von Robert Bauval untersuchte Orientierung der großen Gizeh-Pyramiden nach den Gürtelsternen des Orion ergibt für das Baujahr der Pyramiden um 2.500 v. Chr. keine sinnvolle Übereinstimmung. Eine Deckung der Sterne erreicht man allerdings bei Zurückrechnung mittels der Präzession im Jahr 10.500 v. Chr. Dieses Zeitalter liegt im Bereich der eiszeitlichen Schmelzen der Würm-Kaltzeit, der letzten Epoche größerer globaler Vergletscherungen, die um 10.000 beendet war. Die von John Anthony West und Robert Schoch untersuchten Erosionsspuren des Sphinx von Gizeh, die auf Wassererosionen zurückzuführen sind und an keinem anderen Bauwerk des Gizeh-Plateaus auftreten (Konnte nicht festgestellt werden, da man ja von den drei großen Pyramiden die glatte Außenschicht abgerissen hat, Anm. des Autors), führen nach Hancocks Schluss zurück in die mythische Zeit des Anfangs. Hancock hält die Sphinx und die sie umgebenden megalithischen Tempel wegen der Erosion für älter, da die starken Wassererosionen nur in einer Zeit starker Niederschläge in der Nordsahara erklärbar ist, die zu dieser Zeit bereits seit einigen tausend Jahren ein Wüstenklima aufwies.

Abb. 134: Die Sphinx vor den Pyramiden

Um 10.500 v. Chr. befand sich die, direkt nach Osten ausgerichtete Sphinx, zur Sommersonnenwende in Opposition zum Sternbild des Löwen und die Position der Orionsterne mit den Pyramiden sowie der Milchstraße mit dem Nil in Übereinstimmung und bildeten eine exakte Spiegelung der astronomischen Konstellation. Die Sphinx als Symbol für das Präzessionszeitalter des Löwen wurde demnach mit den Pyramidenbauten der dynastischen Zeit Ägyptens so ergänzt, dass die mythologische „Zeit des Anfangs" architektonisch dargestellt wurde.

Immer mehr Wissenschaftler begannen sich für die Auswaschungen am Sockel der Sphinx zu interessieren. Durch entsprechende Untersuchungen hätten sie bestätigen könnten, dass die Auswaschungen durch Jahrhunderte langen Regen entstanden waren, wie er letztmalig vor etwa 12.000 Jahren erfolgte. Demnach wäre die Figur schon vor der Sintflut entstanden. Das durfte selbstverständlich nicht sein, da das das gesamte mühsam aufgebaute ägyptische Geschichtsbild durcheinandergebracht hätte. Daher zog man einen Zaun um die Sphinx und mauerte den Sockel aus, mit der fadenscheinigen Behauptung er, wäre brüchig geworden und müsste vor dem Verfall bewahrt werden. Somit ist die Sphinx wieder „offiziell“ nicht älter als 5.000 Jahre.

Abb. 135: Das Pyramidenareal von Gizeh etwa vor 7.000 Jahren nachdem sich die Wüste bis dorthin ausgebreitet hatte und die Ägypter noch nicht begonnen hatten, die Außenwände der Bauwerke zu zerstören. Zu diesem Zeitpunkt befand sich auch noch die hohle Kupferkugel auf der so genannten Cheops-Pyramide.

Auf dieses Art und Weise werden „Korrekturen“ in der Geschichte der Menschheit durchgeführt. Das Beispiel, das hier bei der Sphinx aufgeführt ist, steht stellvertretend für alle Bereiche. Wenn ein gefundenes Artefakt nicht passt; verschwindet es in der Versenkung oder es wird ganz einfach in der entsprechenden Epoche irgendwie integriert, wie unglaublich es auch wirkt.

Atlantis heute (Kuba und das Bimini-Gebiet)

Abb. 136: Die Insel Kuba mit dem Bimini-Gebiet

Ein moderner Atlantis-Forscher, der vor unkonventionellen Arbeitsmethoden nicht zurückschreckt, ist David Zink. Er ließ sich von einer Äußerung des „schlafenden Propheten" Edgar aus dem Jahre 1933 inspirieren, dass auf dem Meeresgrund vor Bimini in der Gruppe der Bahamas die Überreste eines atlantischen Tempels zu finden seien. Diese Aussagen wurden durch rätselhafte Luftaufnahmen gestützt, die geometrische Strukturen auf dem Meeresgrund zu zeigen schienen. So verdichtete sich die Vermutung, dass bei Bimini etwas Außergewöhnliches gefunden werden könne, und Zink entschloss sich, dieser Frage nachzugehen.

Sein Vorhaben erwies sich allerdings wesentlich schwieriger als erwartet. Die Unterwasser-Archäologie steht noch am Anfang ihrer Entwicklung, und gemeinhin wird unterschätzt, wie kompliziert es ist, sich unter Wasser zu orientieren, einen Überblick über die Unterwasser-Landschaft oder auch über größere Strukturen zu gewinnen, kleinere Fundstellen wiederzufinden, vermeintliche oder echte Fundobjekte von Sand und

Schlamm zu befreien und zu bergen. So war das Ergebnis mehrerer Expeditionen insgesamt dürftig.

Zink und seine Mitarbeiter entdeckten zwar die Überreste von alten künstlichen Anlagen im Meer vor Bimini, konnten diese aber nicht genauer einordnen oder einem bestimmten Kulturkreis zuschreiben. Immerhin kam der an den Arbeiten beteiligte Archäologe John Steele zu der Auffassung: „Ich bin zu dem Schluss gekommen, dass es sich tatsächlich um eine archäologische Stätte megalithischer Bauwerke handelt. Es gibt auch gute Gründe anzunehmen, dass sie eine kultische Funktion hatten."

Der Expeditionsleiter selbst wollte verständlicherweise mehr erfahren und schaltete dazu zwei Hellseherinnen ein, deren Aussagen sich ergänzten. Sie sprachen von einer kultischen Anlage, dessen Alter von einer der Seherinnen mit 18.000 Jahren angegeben wurde.

Die Bauten vor Bimini könnten demnach ein Tempel der Atlanter gewesen sein. Angeblich sprudelten dort einst natürliche Heilquellen, vielleicht als Teil kultischer Heilbehandlung.

Wie immer man zu den Vermutungen über den Ursprung und das Alter der von Zink gefundenen archaischen Anlagen stehen mag, interessant ist das Fazit des Forschers selbst: „Meine Nachforschungen zu den hier angeschnittenen Problemen haben mich langsam aber sicher dazu gebracht, Plato als eine maßgebliche Informationsquelle für eine historische Tatsache anzuerkennen: dass Atlantis wirklich existiert."

Unterwasserforschung mit modernen Geräten

Zwei Wissenschaftler, Paul Weinzweig und Pauline Zalitzki, arbeiten vor der Küste Kubas und nutzen einen tauchfähigen Roboter. Sie haben bestätigt, dass es auf dem Grund des Ozeans eine gigantische Stadt gibt. Die Lage der antiken Stadt – in der es diverse Sphinx´ und 4 gigantische Pyramiden sowie andere Strukturen gibt - liegt erstaunlicher Weise innerhalb der Grenzen des legendären Bermudadreiecks

Abb. 137: Die Unterwasserstadt

Laut dem Journalisten Luis Mariano Fernandes wurde die Stadt schon vor Jahrzehnten entdeckt. Aber der komplette Zugriff darauf wurde während der Kubakrise gestoppt.

„Die Regierung der USA entdeckte den mutmaßlichen Ort während der Kubakrise in den sechziger Jahren. Atom-U-Boote durchkreuzten den Golf (in der Tiefsee) und stießen auf Pyramidenstrukturen. Die Gegend wurde zu Sperrgebiet erklärt und kam unter Kontrolle der USA, um zu verhindern dass die Russen darauf Zugriff bekamen."

Ein Wissenschaftlerteam von Tiefseeexperten, Archäologen und Meeresforschern fanden Ruinen von antiken Gebäuden ca. 200 Meter unter Wasser.

Der Beweis, dass die kubanische Insel ein Überbleibsel einer einst mächtigen Kultur ist, wird von Zalitzkis Entdeckung auf der Insel unterstützt. Dort fand sie sehr alte Symbole und Piktogramme, die denen der Unterwasserstrukturen gleichen.

Abb. 138: Der Tauchroboter vor der Pyramide

Abb. 139: Megalith-Anlagen in flacheren Gewässern

Mit der Nutzung von Unterseebooten entdeckten sie erstaunlich große Pyramiden ähnlich denen von Gizeh in Ägypten, aber größer. Sie schätzen, diese Atlantis-Pyramiden wurden mit Steinen gebaut, die viele Hunderte Tonnen schwer sind.

Nach dem Gespräch mit einem Wissenschaftler über die Möglichkeit, dass die Ruinen wirklich Atlantis darstellen, berichtet Fernandez, was der Experte antwortete: „... Die Yucatan Kulturen von heute sind womöglich das, was von den Ureinwohnern von dieser Gegend übrigblieb. Vielleicht stammen die Olmeken oder einige sehr primitive Zivilisationen von Yucatan, dem nördlichen Teil von Zentralamerika, von einer Insel die bei einer Katastrophe sank. Diese Insel wird Atlanticú genannt."

Abb. 140: Unterwasserstrukturen vor Kuba (Satellitenbild)

Auch das passt zur Geschichte über den plötzlichen Untergang des wundersamen Atlantis.

Atlanticú, Atlantis. Die Ureinwohner nennen es in ihrer Gesichtsschreibung immer noch so.

Überlieferungen aus der Vergangenheit aller irdischen Völker werden als fragwürdige Erzählungen abgetan oder als Mythen belächelt. Das gilt nicht nur für die Wissenschaftler sondern nahezu für sämtliche Menschen. Geschichten aller Art gibt es aber auch in der nahen Vergangenheit und der Gegenwart. Lügenmärchen, vor allen Dingen wenn sie von der Politik verbreitet werden, sind beinahe für jeden von uns überzeugend, weil sie entsprechend konstruiert sind. Man sollte unvoreingenommen die Relevanz sämtlicher Berichte (und Erzählungen) überdenken und auch die gegenteilige Seite berücksichtigen. Möglicherweise kommt man dann zu anderen Resultaten, als bisher. Das gleiche gilt auch für Legenden über Riesen, von denen in vielen Überlieferungen berichtet wird.

Riesen in der Bibel

Selbst in der Bibel wird von Riesen, den Nephilim, gesprochen:

1. Als sich aber die Menschen anhoben zu mehren auf der Erde und ihnen Töchter geboren wurden, sahen die Söhne Gottes nach den Töchtern der Menschen, denn sie waren schön, und nahmen sich zu Weibern, welche sie nur wollten.

4. Zu diese Zeiten waren Nephilim (Riesen) auf Erden. Denn nachdem die Söhne Gottes zu den Töchtern der Menschen kamen, hatten sie auch Kinder geboren; diese waren Gewaltige, die von Alters her berühmt waren.

Weiter heißt es in den Büchern Mose:

4. Mose 13,33: Wir sahen dort auch Riesen, Söhne Enaks aus dem Riesengeschlecht, und wir waren in unseren Augen wie Heuschrecken, und ebenso waren wir auch in ihren Augen.

5. Mose 1,28: Wohin sollen wir ziehen? Unsere Brüder haben unser Herz verzagt gemacht, indem sie sagten: Das Volk ist größer und höher gewachsen als wir, die Städte sind groß und bis an den Himmel befestigt; dazu haben wir die Söhne Enaks dort gesehen!

5. Mose 2,10: Die Emiter haben vor Zeiten darin gewohnt.

5. Mose 2,21: Das war ein großes, starkes und hochgewachsenes Volk wie die Enakiter. Und der Herr vertilgte sie vor ihnen, so dass diese sie aus ihrem Besitz vertrieben und an ihrer Stelle wohnten,

5. Mose 9,2: Ein großes und hochgewachsenes Volk, die Söhne der Enakiter, die du kennst, von denen du auch sagen gehört hast: Wer kann vor den Söhnen Enaks bestehen?

Auch wird in der Bibel im 1. Buch Samuel ein Riese erwähnt, als David in König Sauls Diensten stand und gegen die Philister kämpfte. Sogar dessen Größe ist genau angegeben:

4: Da trat aus den Lagern der Philister ein Riese mit Namen Goliath von Gath, sechs Ellen und eine Handbreit hoch; (Josua 11.22)

5: und er hatte einen ehernen Helm auf seinem Haupt und einen schuppendichten Panzer an, und das Gewicht seines Panzers war fünftausend Lot Erz,

6: und hatte eherne Beinharnische an seinen Schenkeln und einen ehernen Schild auf seinen Schultern.

7: Und der Schaft seines Spießes war wie ein Weberbaum, und das Eisen seines Spießes hatte sechshundert Lot Eisen; und sein Schildträger ging vor ihm her.

Mit einem Kiesel, den David dem Riesen Goliath in die Stirn schleuderte, brachte er ihn zu Fall, um ihn danach mit dem eigenen Schwert zu töten.

Im 2. Buch Samuel steht geschrieben:

21,20: Dann kam es noch einmal bei Gath zum Kampf. Da trat ein Mann von riesenhafter Größe auf, er hatte an jeder Hand sechs Finger und an jedem Fuß sechs Zehen, zusammen vierundzwanzig, auch er stammte von Rafa ab.

21,21: Als er Israel verhöhnte, erschlug ihn Jonatan, der Sohn von Davids Bruder Schima.

Skelettfunde von humanoiden Riesen überall auf der Welt

Abb. 141: Gefundenes Prähistorisches Riesenskelett eines Menschen von 4,57 m Größe in Ixtapalapa, Nähe Mexico City

Abb. 142: Bei archäologischen Forschungen in Syrien ausgegrabenes Skelett (Größe ca. 5m)

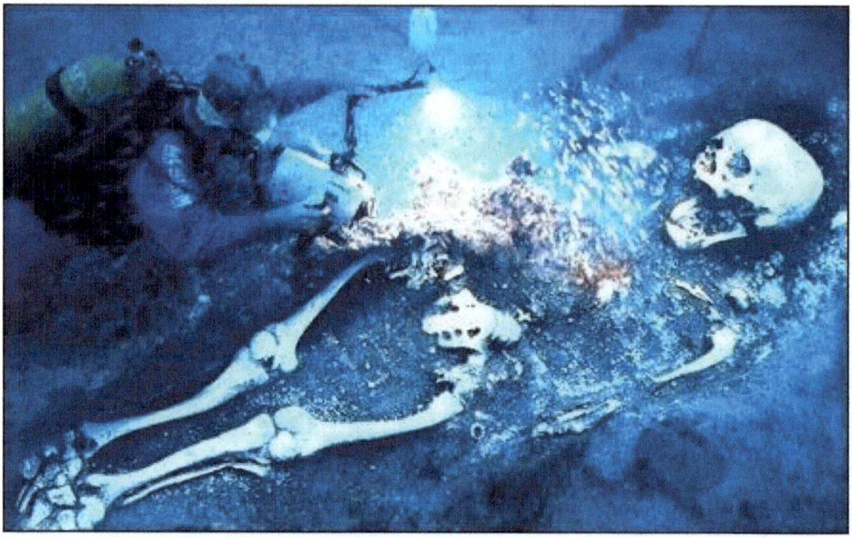

Abb. 143: Bei Unterwasser-Ausgrabungen entdecktes Skelett (Größe ca. 4 m)

Liste dokumentierter Funde von humanoiden Riesenskeletten

- *2. Jahrhundert n.Chr. – Pausanias, ein antiker Historiker, berichtet vom Fund von 5 Meter großen, menschlichen Skeletten im heutigen Syrien.*
- 1792 - New York, Buffalo: Turners History of the Holland Purchase berichtet von 2,30 m und 2,70 m großen Skeletten mit einer großen, abgeflachten Stirn.
- 1800 - neben zahlreichen normalen Skeletten wurden in Ohio (Conneaut, USA) in einem Gräberhügel mehrere Riesenskelette entdeckt, die aber wie normale Menschen wirkten.
- 1821 - in Williamson County (Tennessee, USA) wurden „sehr große Knochen" gefunden (The Natural and Aboriginal History of Tennessee von John Haywood).
- 1850 - Firelands Pioneers entdeckten in einer Reihe von Hügeln zahlreiche große Skelette, die sie einer Rasse zuordnen, die vor den Indianern vor Ort gewesen sein müssen.

- 1876 - J.N. DeHart findet in Wisconsin (USA) Menschenknochen, die „größer waren, als die der heutigen Menschen".
- 1877 - W.H.R. Lykins findet in Hügeln nahe Kansas City (USA) Knochen „von enormer Größe und Dichte".
- 1879 - ein 2,80 m großes Skelett wurde in einem Hügel nahe Brewersville (Indiana, USA) ausgegraben (Indianapolis News, Nov 10, 1975)
- 1880 - „Ein Skelett mit enormen Dimensionen" wurde in einem Lehmsarg, welcher mit Hieroglyphen versehen war, von Dr. Everhart nahe Zanesville (Ohio, USA) entdeckt (American Antiquarian, v3, 1880, pg61).
- 1883 - zehn Skelette „beider Geschlechter von gigantischen Größen" wurden in Warren (Minnesota, USA) entdeckt (St. Paul Pioneer Press, May 23, 1883).
- 1884 - ein 2,54 m großes Skelett wurde in einer massiven Steinstruktur in Kanawha County (West Virginia, USA) entdeckt. Die Umgebung wirkte wie ein uralter Tempel mit Grabanlage. (American Antiquarian, v6, 1884 133f. Cyrus Thomas, Report on Mound Explorations of the Bureau of Ethnology, 12th Annual Report, Smithsonian Bureau of Ethnology, 1890-91).
- 1885 - ein großer Hügel, nahe Gasterville (Pennsylvania, USA) beherbergte ein 2,60 m großes Skelett. Das Grab war außerdem mit Inschriften versehen (American Antiquarian, v7, 1885, 52f).
- 1885 - in einem Felsen, nahe Yosemite Valley (USA), entdeckten Bergarbeiter eine 2,20 m große Frau, welche ein Kind in ihren Armen hielt.
- 1888 - in Minnesota (USA) wurden 7 Skelette von Größen zwischen 2,30 m und 2,70 m entdeckt (St. Paul Pioneer Press, June 29, 1888).
- Herbst 1878 - ein Hügel nahe Toled, (Ohio, USA) enthielt 20 Skelette, alle sitzend und mit Blick Richtung Osten „von doppelter Größe, wie die der heutigen Menschen". Neben jedem lag eine Flasche, welche mit Hieroglyphen versehen war (Chicago Record, Oct. 24, 1895; cited by Ron G. Dobbins, NEARA Journal, v13, fall 1978).

- 1896 - das Skelett eines großen Mannes wurden auf der Beckley Farm (Lake Koronis, Minnesota, USA) entdeckt. Auf Moose Island und in Pine City wurden ebenfalls Riesenskelette entdeckt. (St. Paul Globe, Aug. 12, 1896).
- 1897 - in einem indianischen Grab, auf einer Farm in Jackson (Ohio, USA), werden gigantische Skelette entdeckt. Nach der Entdeckung wurden in der Umgebung weitere Hinweise auf Riesen entdeckt. Nachdem man viele der Funde an das Eastern Institute übergeben hat, verschwinden diese spurlos.
- 1898 - 8 Riesenskelette wurden in Sandusky (Ohio, USA) entdeckt.
- 1911 - mehrere rothaarige Mumien von Größen zwischen 2,00 m und 2,70 m wurden in einer Höhle in Lovelock (Nevada, USA) entdeckt.
- 1821 - Tennessee, White County: eine antike Befestigungsanlage barg mehrere 2,30 m große Skelette.
- *1829 - auf einer Hotelbaustelle in Chesterville (Ohio, USA) wurde ein Riesenskelett gefunden. Nach eingehenden Untersuchungen wurde festgehalten, dass es anatomisch mit den heutigen Menschen übereinstimmt, allerdings mehr Zähne aufweist. Nachdem das Skelett nach Mansfield geschickt wurde, verliert sich seine Spur.*
- *1833 - in Lompock Rancho (California, USA) entdecken Soldaten am Giant Lompock Rancho ein 3,90 m großes Skelett. In seiner Umgebung wurden versteinerte Äxte und andere Artefakte gefunden. Das Skelett wies zwei Zahnreihen auf. Es wurde leider verbrannt, nachdem örtliche Indianer von dem Fund erfuhren.*
- 1835 - in Lake County (Illinois, USA) wurden zahlreiche 2,30 m bis 2,70 m große Skelette entdeckt.
- *1845 - in Virginia wurde ein riesenhafter Kiefer entdeckt, auf dem die Zähne schräg standen.*
- 1849 - Illustrations of the Ancient Monuments of Western New York berichtet von einem elliptischen Hügel, nahe Conewango Valley, welcher mehrere riesenhafte Knochen enthielt. Insgesamt sollen die vermutlich 8 Skelette jeweils rund 3,00 m groß gewesen sein.

- 1850 - History of Allegany County von 1879 berichtet über riesenhafte, menschliche Knochen, die beim Bau einer Eisenbahnstrecke entdeckt wurden.
- 1851 - ein einzelner Rippenknochen, der in New York gefunden wurde, weist auf eine Körpergröße von 2,70 m hin.
- 1856 - West Virginia, Wheeling: ein menschliches Skelett wurde mit 3,70 m Größe vermessen.
- 1858 - Ohio, Vermillion Township: mehrere Skelette eines Rasse von Riesen wurde von örtlichen Anwohnern entdeckt.
- 1870 - Ohio: In Brush Creek Township wurden in einem Hügel mehrere Riesenskelette gefunden, die allesamt rund 3,00 m groß sind. Auf einer großen Steintafel soll außerdem ein Text gefunden worden sein, der den griechischen Buchstaben ähnlich sein soll.
- 1872 - Ohio, Seneca Township: unter dem Bates-Hügel wurden 3 Skelette gefunden, deren Größe zu Lebzeiten vermutlich 2,70 m betrug. Bemerkenswert ist auch hier eine doppelte Zahnreihe, sowohl vorne als auch hinten und oben und unten am Kiefer.
- 1875 - West Virginia, Rivesville: beim Bau einer Brücke wurden rothaarige Skelette gefunden, die eine Größe von 2,70 m aufwiesen.
- 1876 - Wisconsin: in mehreren Hügeln wurden riesenhafte Schädel und Wirbel gefunden.
- *1877 - Missouri, Kansas City: ein riesenhafter Schädel wurde in einem Hügel gefunden. Vermutlich war das Wesen zu Lebzeiten zwischen 8,30 m und 10,00 m groß (Nephilim).*
- 1877 - Nevada, Eureka: Vermesser fanden in einem Felsen einen einzelnen Knochen eines Menschen. Ärzte die diesen untersuchten meinten, dass das Wesen vermutlich 4,00 m groß war. Der Felsen, in dem der Knochen entdeckt worden war, wurde später auf ein Alter von 185 Millionen Jahre geschätzt.
- 1878 - Ohio, Ashtabula County: in einem Gräberfeld wurden mehrere einzelne Knochen gefunden, welche auf eine große Gruppe von Riesen hinweist.

- 1879 - Indiana, Brewersville: ein 3,40 m großes Skelett wurde in einem Hügel entdeckt.
- 1880 - Ohio, Zanesville: ein Skelett mit enormen Dimensionen wurde in einem Grab entdeckt, welches mit Hieroglyphen beschriftet war.
- *1880 - Minnesota, Clearwater: mehrere Riesenskelette mit doppelten Zahnreihen wurden entdeckt.*
- *1881 - Ohio, Medina County: ein Kieferknochen mit 8 Zahnreihen wurde entdeckt. (Zu Lebzeiten hätte dieses Wesen den Kopf eines Neuzeit-Menschen in den Mund nehmen können.)*
- 1886 - Pennsylvania, Ellisburg: ein 2,70 m großes Skelett wurde entdeckt.
- 1886 - New York: Dutzende menschliche Skelette mit einer Größe von jeweils 2,20 m und abgeflachter Stirn wurden entdeckt.
- 1886 - Illinois: eine große Anzahl riesenhafter Skelette wurde in einem Grab entdeckt. In diesem lagen auch Artefakte, deren Technik auf eine höhere Entwicklung hinweist, als sie die Indianer je gehabt hatten.
- 1887 - Wisconsin, Le Crescent: einzelne Knochen von riesenhaften Menschen wurden entdeckt.
- 1888 - Ohio, Toledo: 20 Skelette mit Kieferknochen, die weit größer als die von normalen Menschen sind, wurden entdeckt.
- 1891 - Illinois, Dunleith: Mitglieder des Bureau of Ethnology of the Smithsonian Institution entdeckten Skelette zwischen Größen von 2,30 m und 2,70 m.
- *1891 - Arizona, Crittenden: ein 4,00 m großer Riese wurde ausgegraben, der zudem noch 6 Zehen an jedem Fuß hatte.*
- *1895 - Der irische Riese, gefunden bei Umbauarbeiten und Ausgrabungen. Die Größe dieses fosszilierten Riesen liegt bei 4,20 m, Der Brustumfang beträgt ca. 2,10 m und das Gewicht etwa 2 Tonnen. Das Skelett besitzt 6 Zehen.*

- 1911 - California, Lovelock Cave: eine 2,70 m große, rothaarige Mumie wurde entdeckt. Sie wurde später von einer ominösen Bruderschaft für eigene Zwecke genutzt und verschwand.
- 1931 - Februar/Juni 1931 - im Humboldt Lake Flussbett nahe Lovelock (Nevada, USA) wurden mehrere große Skelette gefunden. Das kleinere Skelett (2,80 m) war in einem „gummiähnlichen Gewand, wie es Ägypter trugen" gehüllt. Das größere Skelett war erstaunliche 3,40 m groß. (Review — Miner, June 19, 1931).
- 1932 - New Mexico, White Sands: Ellis Wright (Direktor des Lincoln Park) fand Fußabdrücke welche mit 47 cm Länge auf einen Riesen hinweisen.
- 1939 - ein 2,50 m großes Skelett soll auf der Friedmanranch nahe Lovelock (Nevada, USA) entdeckt worden sein. (Review — Miner, Sept. 29, 1939)
- 1947 - California, Death Valley: mehrere 2,80 m große Skelette wurden entdeckt.
- 1958 - in Italien wurde in einer 11 Millionen Jahre alten Steinschicht das Skelett eines Riesen entdeckt.
- *Ende der 50er – im Südosten der Türkei werden bei Ausgrabungen riesenhafte Skelette entdeckt. Die Gräber sind über vier Meter groß. Allein ein Oberschenkelknochen ist größer als 1 Meter.*
- 1965 - Ein Skelett zwischen 2,70 m und 3,40 m soll unter einem Felsen in Holly Creek (Kentucky, USA) entdeckt worden sein.
- 1968 - Neanderthaler-ähnliche riesenhafte Skelette wurden in Minnesota (USA) entdeckt. Eine angeforderte Altersbestimmung mittels Carbon-14 schlug jedoch fehl, da das Skelett auf dem Weg zur Untersuchung verschwand.

Anhand dieser Liste wird klar, dass das Phänomen der früheren Riesenrassen auf unserer Welt nicht mehr als Phantasie abgetan werden kann.

Die einheimischen Reptiloiden

In der extremen, weltweiten Umwälzung vor 65 Millionen Jahren starben fast alle großen Exemplare aller Rassen und damit auch viele primitive Vorfahren der dinosauroiden Spezies. Der Grund für diese planetenumfassende Zerstörung war keine Naturkatastrophe durch einen Asteroideneinschlag, wie die irdischen Wissenschaftler glauben, sondern ein Krieg zwischen zwei feindlichen außerirdischen Rassen, hauptsächlich in der Umlaufbahn und oberen Atmosphäre unseres Planeten. (Der Bericht darüber folgt im nächsten Kapitel.)

Die meisten Dinosaurier starben jedoch nicht durch die Detonation der Bombe, sondern an den Bedingungen, die nach dem Krieg herrschten, besonders durch den Fallout und den nuklearen Winter. Fast alle Dinosaurier und Reptilien waren innerhalb der nächsten 20 Jahre tot. Einige von ihnen, besonders jene in den Ozeanen, waren fähig, die nächsten 200 bis 300 Jahre in dieser veränderten Welt zu überleben, aber viele dieser Arten starben auch, weil sich das Klima gewandelt hatte. Der Fallout endete nach 200 Jahren, aber es war kälter als vorher. Trotz der Umwälzung waren einige Arten fähig zu überleben: Fische (wie die Haie), Vögel, kleine Säugetiere (unsere Vorfahren), verschiedene Reptilien wie Krokodile und eine Art von klein geratenen, aber evolutionär fortgeschrittenen Dinosauriern, die vom Körperbau dem Tyrannosaurus glichen, nur schlanker waren.

Dieses neue Reptil ging auf zwei Beinen und sah ein bisschen aus wie unsere Rekonstruktion eines Iguanodon, denn es stammte aus dieser Familie. Es war aber kleiner (etwa 1,50 Meter groß) und besaß einige humanoide Merkmale. Ausgestattet war es mit einem veränderten Knochenbau, einem größeren Schädel und Gehirn, einer Hand mit einem Daumen, die fähig war, Dinge zu greifen, einem anderen Organismus und veränderter Verdauung, Augen mitten im Kopf wie die unseren und - am Wichtigsten - einer neuen und besseren Gehirnstruktur. Das war der direkte Vorfahr der dinosauroiden Spezies.

Eingeweihte vertreten die These, dass die Strahlung der Bombe in den Veränderungen des Organismus dieser neuen Rasse eine Rolle spielte, das ist aber nicht sicher. Nichtsdestotrotz, diese kleinen humanoidenähnlichen Dinosaurier entwickelten sich während der folgenden 30 Millionen Jahren von einem Tier zu einem mehr oder weniger denkenden Wesen.

(Ohne Manipulation der Evolution, wie beim Menschen, dauerte die natürliche Entwicklung wesentlich länger. Anm. d. Autors) Diese Dinosauroiden waren intelligent genug, in den nächsten Millionen von Jahren nicht auszusterben. Sie lernten, ihr Verhalten anzupassen, lebten in Höhlen, statt in der kalten Natur, und sie benutzten Steine und Zweige als erste Werkzeuge. Auch der Gebrauch von Feuer zum Erwärmen, besonders ihr Blut zu erwärmen, was sehr wichtig für diese Spezies ist, um zu überleben.

Während der nächsten 20 Millionen Jahre wurde diese Art von der Natur in 27 Unterarten gliedert und es gab viele Kriege zwischen ihnen um die Vorherrschaft. Vierundzwanzig der Arten starben in primitiven Kriegen und durch ihre ungenügende Entwicklungsstufe aus, weil ihr Organismus und Verstand nicht weit genug fortgeschritten war, um zu überleben. Als Hauptgrund steht fest, dass sie nicht fähig waren, ihre Bluttemperatur auf die richtige Weise zu variieren, als sich das Klima mehrfach veränderte.

50 Millionen Jahre nach dem Krieg und damit nach dem Ende der Dinosaurier, blieben nur drei (jetzt auch technologisch) fortgeschrittene reptilienartige Arten auf diesem Planeten neben allen anderen niederen Tieren übrig. Vor 10 Millionen Jahren hielt ihre Entwicklung an dieser Stelle an. Lediglich einige geringfügige Veränderungen im Hinblick auf eine mehr humanoide und säugetierähnliche Erscheinung in späterer Zeit gab es, aber sie haben sich nicht mehr in Unterarten aufgeteilt. Gleichzeitig erfolgte eine strenge Geburtenkontrolle, so dass sich die Spezies selbst auf eine Größe von maximal 800 Millionen Geschöpfen einpegelte. Über Jahrmillionen hatten die Dinosauroiden sich in jeder Hinsicht dem Planeten angepasst und nicht die Umwelt ihrer Spezies. Deshalb verschwanden alle Hinweise auf ihre Technologie, wie z. B. große Städte, mit natürlichen Materialien wie Holz gebaut und in die Umgebung perfekt integriert, als große Klimaveränderung und Umweltkatastrophen, ausgelöst durch äußere Einwirkungen, die Dinosauroiden in den Untergrund zwangen. Ein weiterer Grund für den Rückzug in unterirdische Kavernen war die Entwicklung der Säugetiere, der Primaten, vor allen Dingen auf dem afrikanischen Kontinent. Sie kamen von den Bäumen herunter und erregten so vor etwa 1,5 Millionen Jahren die Aufmerksamkeit einer langlebigen fremden Zivilisation, den „Illojiim“, die von einer Welt des Aldebaran kamen.

Die geistigen Fähigkeiten der Dinosauroiden sind den unseren weit überlegen. Alle Wesen ihrer Spezies können kompliziertere Strukturen begreifen, als es uns Menschen möglich ist. Weiterhin sind sie in der Lage im Metaphysischen zu denken und zu agieren und damit ihre Technologie auszurüsten. Telepathie, Telekinese und Suggestion sind für jedes ihrer Individuen normal. Die Fähigkeiten werden aber nur bei Bedarf angewendet. Selbstverständlich können sie sich auch dagegen schützen. (Im Gegensatz zu uns Menschen.)

Der Krieg, der zur Entstehung der Dinosauroiden führte

Die Gegner, in dem vor 65 Millionen Jahren geführten Krieg, waren zwei fortgeschrittene außerirdische Arten, deren beide Namen nicht für unsere Zungen aussprechbar sind. Eine Rasse war humanoid, wie die unsere (aber viel älter) und stammte von einem Sonnensystem in der Sternenkonstellation, die wir „Procyon" nennen. Die andere Art war eine reptilienartige Spezies, die aber mit den irdischen Dinosauroiden nichts gemein hatte, denn sie kam von einer anderen unbekannten Welt.

Die Humanoiden hatte die Erde 150 Jahre vor den Reptiloiden erreicht, und schufen einige Kolonien auf den damaligen Kontinenten. Eine große Kolonie existierte auf dem antarktischen Kontinent und eine andere auf dem asiatischen Kontinent. Diese Intelligenzen lebten ohne Probleme mit den tierähnlichen Sauriern auf dem Planeten zusammen. Als die fortgeschrittenen Reptilien in diesem System ankamen, versuchten die humanoiden Kolonisten von „Procyon" eine friedliche Kommunikation. Damit waren sie jedoch nicht erfolgreich, und innerhalb von ein paar Monaten begann ein systemweiter Krieg. Das Interesse der beiden Arten an dem jungen Planeten bestand nur aus einem einzigen Grund: Rohstoffe, besonders Kupfer, denn Kupfer ist wegen seiner besonderen Eigenschaften (die wir Menschen leider noch nicht kennen! Anm. d. Autors) ein sehr wichtiges Material für einige fortgeschrittene Arten.

Beide Rassen wollten das Kupfer vom Planeten Erde ausbeuten und begannen deswegen einen Krieg im Weltraum und im Orbit, der nicht sehr lange dauerte. Die Humanoiden schienen zunächst siegreich zu sein, aber in einer letzten Schlacht setzten die Reptiloiden eine mächtige experimentelle Waffe ein, eine spezielle Art von Fusionsbombe, die die Lebensformen auf diesem Planeten zerstören und den wertvollen Rohmaterialien und dem Kupfer nicht schaden sollte.

Die Bombe wurde vom Raum aus abgefeuert und detonierte im Golf von Mexiko. Als sie im Ozean explodierte, erzeugte sie eine unberechenbare Fusion mit Wasserstoff, und der Effekt war viel stärker, als die Reptilien erwartet hatten. Eine tödliche Strahlung, eine Überproduktion von Sauerstoff, ein Fallout anderer Elemente und ein „nuklearer Winter" für fast 200 Jahre waren das Resultat. Die meisten der Humanoiden wurden getötet, und die Reptiloiden verloren wegen der Strahlung nach einigen Jahren das Interesse an dem Planeten. Ein Ergebnis des Fallouts war, dass andere Elemente und Materialien geschaffen wurden, und eins der Materialien war das Iridium. (Unsere Wissenschaftler sehen die Iridium-Konzentration im Boden als ein Beweis für einen Asteroideneinschlag an, der die Dinosaurier tötete. Anm. d. Autors)

Die Information über diesen ersten Krieg in unserem Sonnensystem stammt von einem alten Artefakt, das vor 16.000 Jahren von Archäologen der Dinosauroiden auf dem nordamerikanischen Kontinent gefunden wurde. Das Artefakt war eine runde Scheibe mit einem Durchmesser von ungefähr 47 Zentimetern. Es bestand aus einem für die Dinosauroiden unbekannten, magnetischen Material, was für sie schon deshalb interessant war. Innerhalb der Scheibe steckte eine andere kleinere Kristallscheibe, die eine enorme Menge von Information enthielt, die in der molekularen Struktur des Kristalls kodiert war. Diese völlig intakte Speicherscheibe wurde von den letzten Überlebenden der Bombe der menschlichen Rasse von „Procyon" vor 65 Millionen Jahren hergestellt. Die dinosauroiden Wissenschaftler waren in der Lage, die Mitteilungen und Daten zu entschlüsseln, und so hörten sie zum ersten Mal über die Ereignisse, die in der fernen Vergangenheit stattfanden, und darüber, was zum Aussterben der Dinosaurier geführt hatte. Die Scheibe enthielt detaillierte Beschreibungen beider Spezies (aber mehr über die humanoide Art) und über die Ereignisse und Waffen, einschließlich der Fusionsbombe. Sie enthielt auch eine Beschreibung der Tiere und Saurier auf der Erde, impliziert der Vorfahren der Dinosauroiden.

Beide Spezies kehrten nie wieder zur Erde zurück. Möglicherweise starben sie in den zurückliegenden Millionen von Jahren aus.

Unterirdische Städte

„Wenn ich von unserem unterirdischen Heim rede, rede ich von großen Höhlen-Systemen. Die Höhlen, die Sie nahe der Oberfläche entdeckt haben, sind winzig im Vergleich zu den gewaltigen Höhlen tiefer in der Erde (in einer Tiefe von 2.000 zu 8.000 Ihrer Meter, aber im Verband mit vielen verborgenen Tunneln unter der Oberfläche oder Nebenhöhlen) und wir leben in großen und fortgeschrittenen Städten und Kolonien in solchen Höhlen.

Die Hauptgebiete von uns sind jenseits der Arktis, der Antarktis, Innerasien, Nordamerika und Australien. Wenn ich über künstliche Sonnen in unseren Städten rede, bedeutet das keine wirkliche Sonne, sondern verschiedene technologische Lichtquellen (einschließlich Gravitationsquellen), die die Höhlen und Tunnel erleuchten. Es gibt spezielle Höhlengebiete und Tunnel mit einem starken UV Licht in jeder Stadt, und wir brauchen das, um unser Blut zu erhitzen. Weiterhin haben wir auch Sonnenplätze an der Oberfläche in abgelegenen Gebieten, besonders in Amerika und Australien." (Auszug aus dem Lacerta-Interview)

Zugänge zu den unterirdischen Städten

Abb. 144: Höhlenartiger Zugang zu den unterirdischen Städten

„Wenn Sie in einer engen Höhle oder in einem Tunnel sind oder in etwas, das aussieht wie ein künstlicher Bergwerksschacht und, wenn Sie tiefer gehen, die

Wände glatter erscheinen, und wenn Sie ungewöhnlich warme Luft fühlen, die von der Tiefe strömt, oder wenn Sie den sausenden Ton von Luft in einer Ventilation oder wie in einem Fahrstuhlschacht hören, eine spezielle Art künstlicher und glatter Wand irgendwo in der Höhle mit einer Tür, die aus grauen Metall gemacht ist, sind Sie auf der richtigen Fährte. Wenn Sie fähig sein würden, die Tür zu öffnen (aber ich zweifle daran), und Sie in einen technischen Raum mit Belüftungsanlagen und Fahrstühlen in die Tiefe kommen würden, ist dies wahrscheinlich ein Eingang zu unserer Welt." (Auszug aus dem Lacerta-Interview)

Raumfahrzeuge

„Wenn Sie einen Bericht über eine Sichtung eines metallischen Flugobjekts hören, das wie ein heller, grauer, zigarrenförmiger, zylindrischer Gegenstand aussieht, mit einer Länge von, lassen Sie mich rechnen, zwischen 20 und 260 Ihrer Meter und, wenn dieser Gegenstand einen sehr tiefen summenden Ton macht, und wenn er 5 helle rote Lichter auf der metallischen Oberfläche der Zigarre hat (eins am Gipfel, eins in der Mitte, zwei an den Enden), dann ist es wahrscheinlich, dass jemand von Ihnen eins unserer Schiffe gesehen hat, und dies bedeutet, dass es entweder teilweise defekt oder dass jemand von uns nicht sorgfältig genug war."

Abb. 145: Raumschiff der irdischen Reptiloiden (fotografiert aus dem Fenster eines Passagierflugzeuges)

„Wir haben auch eine sehr kleine Flotte von untertassenförmigen Maschinen, aber solche UFOs gehören gewöhnlich zu außerirdischen Arten. Dreieckige UFOs gehören allgemein zu Ihrem eigenen Militär, aber sie benutzen fremde Technologie, um sie zu bauen. Wenn Sie tatsächlich versuchen wollen, eine unserer Maschinen zu sehen, sollten Sie an den Himmeln über der Arktis oder der Antarktis einen Blick werfen und über Innerasien, besonders über den Bergen."
(Auszug aus dem Lacerta-Interview)

Ursprüngliche Menschenarten mit unterschiedlichen Entwicklungsstufen (allgemeine Zusammenfassung, ohne deren Vermischung) auf allen Kontinenten

Europa

Weißer Typ II (geringfügige Modifikationen Bsp.: Nordländer, Südländer)

Asien

Brauner Typ II (Modifikationen Bsp.: Inder, Syrer)

Mongoloider Typ (Modifikationen Bsp.: Chinesen, Japaner, Mongolen)

Afrika

Brauner Typ II (Modifikationen Bsp.: Ägypter, Beduinen)

Schwarzer Typ II (Modifikationen Bsp.: Massai, Zulu)

Sonderfall Ostafrika: unbekannt *[*Äthiopien, *die „schwarzen Weißen", nicht zuzuordnen]*

Nordamerika

Mongoloider Typ (Modifikationen Bsp.: Hopi, Schoschonen)

Mittel- und Südamerika

Mongoloider Typ (Modifikationen Bsp.: Maja, Inka, Azteken)

Brauner Typ I (Indios=Machiguenga)

Australien

Schwarzer Ur-Typ I (nicht modifiziert, Aborigenes)

Nachwort

Überall auf der Welt werden Artefakte gefunden, die nicht in unser archäologisches Bild zur Entwicklung des Menschen passen und sind deshalb nicht einzuordnen. Auch Relikte fremdartiger Technologie bis hin zu komplexen Konstruktionen werden entdeckt und verschwinden sofort irgendwo in geheimen militärischen Stützpunkten und Laboratorien, wo kein normaler Mensch hinkommt. Zudem wird deren Existenz als „Top Secret" gekennzeichnet, so dass kein Außenstehender davon Kenntnis erhält.

Allmählich sollten wir unsere Vergangenheit aus dem richtigen Blickwinkel sehen, ohne sie uns von Archäologen, anderen engstirnigen Wissenschaftlern oder vom Militär sowie Geheimdiensten diktieren zu lassen. Sicherlich finden wir dann den Bezug zu uns und unserem Platz im Universum.

Nicht der Profit und das egoistische Machtbestreben der Politiker und Militärs ist entscheidend, sondern das respektvolle Miteinander aller Lebewesen auf diesem Planeten, denn er allein ist unsere Heimat und wir haben nur diese eine. Möglicherweise müssen wir sie und uns selbst irgendwann verteidigen, denn niemand wird uns helfen, wenn unsere Konstrukteure eines Tages zurückkehren, um ihre Zuchtergebnisse einzufordern.

Hartmut Großer

Quellenangabe der Texte

Internetlinks

http://arcadiansblog.net/2013/03/13/atlantis-gefunden-gigantische-sphinx-und-pyramiden-im-bermudadreieck/

http://armin-risi.ch/Artikel/Aegypten/Unterirdische_Raetsel_in_Aegypten.html

http://commons.wikimedia.org/wiki/Category:Dragons?uselang=de

http://commons.wikimedia.org/wiki/Category:Puma_Punku

http://de.wikipedia.org/wiki/Aldebaran

http://de.wikipedia.org/wiki/Bosnische_Pyramiden

http://de.wikipedia.org/wiki/Caral

http://de.wikipedia.org/wiki/Cheops-Pyramide

http://de.wikipedia.org/wiki/Chich%C3%A9n_Itz%C3%A1

http://de.wikipedia.org/wiki/Cusco

http://de.wikipedia.org/wiki/Delta_Clipper

http://de.wikipedia.org/wiki/Drache_(Mythologie)

http://de.wikipedia.org/wiki/Edgar_Cayce

http://de.wikipedia.org/wiki/Evolution

http://de.wikipedia.org/wiki/Gro%C3%9Fe_Sphinx_von_Gizeh

http://de.wikipedia.org/wiki/Hypog%C3%A4um

http://de.wikipedia.org/wiki/Hypog%C3%A4um_von_%C4%A6al-Saflieni

http://de.wikipedia.org/wiki/Hypog%C3%A4um_von_%C4%A6al-Saflieni

http://de.wikipedia.org/wiki/Kappadokien

http://de.wikipedia.org/wiki/Kaymakl%C4%B1

http://de.wikipedia.org/wiki/Kernwaffe
http://de.wikipedia.org/wiki/Kuba
http://de.wikipedia.org/wiki/Mammuts
http://de.wikipedia.org/wiki/Menschenaffen
http://de.wikipedia.org/wiki/Plejaden
http://de.wikipedia.org/wiki/Primaten
http://de.wikipedia.org/wiki/Pyramiden_von_Gizeh
http://de.wikipedia.org/wiki/Pyramiden_von_Meroe
http://de.wikipedia.org/wiki/Pyramiden_von_Nuri
http://de.wikipedia.org/wiki/Pyramiden_von_T%C3%BAcume
http://de.wikipedia.org/wiki/Pyramidologie
http://de.wikipedia.org/wiki/Radioastronomie
http://de.wikipedia.org/wiki/Sintflut
http://de.wikipedia.org/wiki/Sonnenheiligtum_des_Niuserre
http://de.wikipedia.org/wiki/Stonehenge
http://de.wikipedia.org/wiki/Teotihuac%C3%A1n
http://de.wikipedia.org/wiki/Tobasee
http://de.wikipedia.org/wiki/Unas-Pyramide
http://de.wikipedia.org/wiki/Universum
http://de.wikipedia.org/wiki/Unterirdische_Stadt_Derinkuyu
http://de.wikipedia.org/wiki/Unvollendeter_Obelisk_von_Assuan
http://de.wikipedia.org/wiki/Uxmal
http://de.wikipedia.org/wiki/Wei%C3%9Fe_Pyramide_(China)
http://de.wikipedia.org/wiki/Yellowstone_(Vulkan)
http://de.wikipedia.org/wiki/Zikkurat_des_Mondgottes_Nanna

http://deskfood.wordpress.com/2011/05/08/cheops-pyramide-ein-energie-kraftwerk/

http://en.wikipedia.org/wiki/Pumapunku

http://en.wikipedia.org/wiki/Saqqara_Bird

http://en.wikipedia.org/wiki/Troodon

http://giantcrystals.strahlen.org/publications/stadt/stadt.htm

http://karfreitagsgrill-weckdienst.org/2012/07/18/puma-punku-prahistorischer-steinmetz-geniestreich/

http://technopotpou.blogspot.de/2014/03/pyramiden-entdeckt-unter-wasser-aus.html

http://terragermania.files.wordpress.com/2011/08/riesen-nephi-lim.pdf

http://-turk-.npage.eu/tuerkische-pyramiden.html

http://wd1.goober.com/web-drive/dw.php?wd=6407&fi=4860377ba89c5b6ab01e31f81d695758

http://www.allmystery.de/themen/uf9338

http://www.atlantisbremer.de/atlantis-in-der-mythologie/indische-u-berlieferungen

http://www.bibel-online.net/

http://www.bibel-online.net/buch/luther_1912/1_mose/8/

http://www.chufu.de/Pyramiden/Abu%20Gurab/abugurab.html

http://www.efodon.de/html/archiv/vorgeschichte/augus-tin/SY11142%20Augustin%20-%20Puma%20Punku.pdf

http://www.fallwelt.de/dokumente/lacertainfo.htm

http://www.fallwelt.de/geschichte/01genzucht.htm

http://www.fallwelt.de/schleier/atlantisplato.htm

http://www.fallwelt.de/welten/andere/7welten.htm

http://www.frei-denker.org/t2291-nuklearer-krieg-im-altertum

http://www.geschichtsmaengel.de/Berichtsseite/geologische_Funde/Goldflieger/body_goldflieger.html

http://www.giza-vermaechtnis.ch/die-unterirdische-stadt/

http://www.globale-evolution.net/images/media/361.pdf

http://www.gottwissen.de/koran/7welten.htm

http://www.heise.de/tp/artikel/12/12442/1.html

http://www.helles-koepfchen.de/die_vergessenen_weltwunder/die_unterirdischen_staedte_kappadokiens.html

http://www.kornkreiswelt.at/news/128-atlantis-entdeckt

http://www.lyrik.ch/lyrik/spur1/gilgame/gilgam01.htm

http://www.mahabharata.pushpak.de/

http://www.malta-aktuell.com/sehenswurdigkeiten-und-kultur/522-hypogaum.html

http://www.natursteiger.de/obelisken/

http://www.orbisalia.de/html/atlantis.html

http://www.pacal.de/pumapunku.html

http://www.tolos.de/platon.html

http://www.wck.de/index.php?option=com_content&view=article&id=70&Itemid=73

http://www.wissenshttp://terragermania.files.wordpress.com/2011/08/riesen-nephilim.pdf

Spezielle Informanten, die nicht genannt werden wollen

Filme und Dokumentationen

Das Universum verstehen	(Space: Entdecke den Weltraum)
Astronomie	(Space: Entdecke den Weltraum)
Suche nach fremden Planeten	(Space: Entdecke den Weltraum)

Fremde Planeten	(Space: Entdecke den Weltraum)
95 Welten und kein Ende	(Space: Entdecke den Weltraum)
Diverse Dokumentationen	YouTube

Bücher

Einheitsübersetzung: Die Bibel, Stuttgart, 1980

Ditfurth, Hoimar v.: Am Anfang war der Wasserstoff, Hamburg, 1972

Nicolson Moore: Das Universum, Gütersloh, 1987

Brown/Morgan: Wunderbarer Planet, Köln, 1989

Strüber, Gudrun: Jungfrauen für die Götter, Bilshausen, 2002

Däniken, Erich von: Brisante Archäologie – Geschichte ohne Dogma:

Dopatka, Ulrich: Lexikon der außerirdischen Phänomene, Bindlach, 1993

Habeck, Reinhard: Die letzten Geheimnisse, Wien, 2003

Habeck, Reinhard: Das Unerklärliche, Wien, 1999

Berlitz, Charles Der 8. Kontinent, Wien,1989?

Krassa/Habeck: Das Licht der Pharaonen, München, 1999

Haase, Michael: Das Rätsel des Cheops, München, 1998

Baigent, Michael: Das Rätsel der Sphinx, Augsburg, 1998

Zillmer, Hans-Joachim: Irrtümer der Erdgeschichte, München, 2001

Cremo/Thompson: Verbotene Archäologie:, Augsburg, 1997

Bürgin, Luc: Geheimakte Archäologie, München, 1998

Ercivan, Erdogan: Verbotene Archäologie, Hamburg, 2001

Beauval/Hancock: Der Schlüssel zur Sphinx, München, 1996

Collins, Andrew: Neue Beweise für Atlantis, Augsburg, 2002

Papke, Werner: Die geheime Botschaft des Gilgamesch, Augsburg, 1993

Großer, Hartmut: Eigene Quellen

Quellennachweis Bilder

Cover: H. Großer

Abb. 1: https://upload.wikimedia.org/wikipedia/commons/5/57/M31bobo.jpg; Boris Stromar; CC BY 3.0

Abb. 2: https://upload.wikimedia.org/wikipedia/commons/e/e8/Protoplanetary_disk.jpg: (NASA) Gemeinfrei

Abb. 3: H. Großer

Abb. 4: http://commons.wikimedia.org/wiki/File:Hand_drawn_Troodon.jpg?uselang=de; (Reid, Iain James) CC BY-SA 3.0

Abb. 5: http://commons.wikimedia.org/wiki/Category:Troodon?uselang=de#/media/File:Dinosauroid.jpg; (Jim Linwood) CC BY 2.0

Abb. 6: http://commons.wikimedia.org/wiki/Iguanodon?uselang=de#/media/File:Sketch_iguanodon.jpg; (Tim Bekaert) Gemeinfrei

Abb. 7: H. Großer

Abb. 8: H. Großer

Abb. 9: H. Großer

Abb. 10: H. Großer

Abb. 11: http://de.wikipedia.org/wiki/Plejaden#/media/File:Pleiades_large.jpg; NASA; Gemeinfrei

Abb. 12: Google Earth/Sky; 2007 DSS Consortium; Gemeinfrei

Abb. 13: H. Großer

Abb. 14: http://commons.wikimedia.org/wiki/File:Silver_back.jpg; TKnoxB from Chemainus, BC, Canada; CC BY 2.0

Abb. 15: http://commons.wikimedia.org/wiki/Category:Pongo_abelii?uselang=de#/media/File:Bukit_Lawang,_orangutan_(6931332671).jpg; Arian Zwegers; CC BY 2.0

Abb. 16: http://commons.wikimedia.org/wiki/Category:Unidentified_Pan?uselang=de#/media/File:%E0%AE%AE%E0%AE%A9%E0%AE%BF%E0%AE%A4%E0%AE%95%E0%AF%8D_%E0%AE%95%E0%AF%81%E0%AE%B0%E0%AE%99%E0%AF%8D%E0%AE%95%E0%AF%81.jpeg; Arunprakash; CC BY-SA 3.0

Abb. 17: H. Großer

Abb. 18: H. Großer

Abb. 19: H. Großer

Abb. 20: H. Großer

Abb. 21: H. Großer

Abb. 22: H. Großer

Abb. 23: H. Großer

Abb. 24: http://commons.wikimedia.org/wiki/Gorilla?uselang=de#/media/File:Gorilla_gorilla_gorilla_Nbg.jpg; Tiergarten Nürnberg; CC BY-SA 3.0

Abb. 25: H. Großer

Abb. 26/01: http://www.torange-de.com/People/People-on-rest/Primitive-H%C3%B6hlenmenschen-21466.html; Unbekannt; CC BY 4.0

Abb. 27: http://commons.wikimedia.org/wiki/Pacaya?uselang=de#/media/File:Pacaya-08.jpg; Rolfcosar -; CC BY-SA 2.5

Abb. 28: H. Großer

Abb. 29: H. Großer

Abb. 30: http://commons.wikimedia.org/wiki/Category:Deserts?uselang=de#/media/File:Bivoac (20).jpg; Hammou Bakkass; CC BY-SA 4.0

Abb. 31: H. Großer

Abb. 32: H. Großer

Abb. 33: H. Großer

Abb. 34: YouTube

Abb. 35; H. Großer

Abb. 36: H. Großer

Abb. 37: H. Großer

Abb. 38: H. Großer

Abb. 39: Google Earth; 2015 BASARSOFT Image Landsat; Gemeinfrei

Abb. 40: YouTube

Abb. 41: YouTube

Abb. 42: H. Großer

Abb. 43: H. Großer

Abb. 44: H. Großer

Abb. 45: H. Großer

Abb. 46: H. Großer

Abb. 47: H. Großer

Abb. 48: H. Großer

Abb. 49: H. Großer

Abb. 50: H. Großer

Abb. 51: H. Großer

Abb. 52: H. Großer

Abb. 53: https://commons.wikimedia.org/wiki/Category:Giza_pyramid_complex?uselang=de#/media/File:All_of_them_together!.JPG; Micetta; CC BY-SA 3.0

Abb. 54: http://commons.wikimedia.org/wiki/Category:Viso%C4%8Dica_(hill_near_Visoko)?uselang=bs#/media/File:Bosnian_Pyramid_of_the_Sun.JPG; TheBIHLover; CC BY-SA 4.0

Abb. 55: YouTube

Abb. 56: http://de.wikipedia.org/wiki/Stonehenge#/media/File:Stonehenge,_Salisbury_retouched.jpg; AlMare; CC BY 3.0

Abb. 57: https://commons.wikimedia.org/wiki/Category:Derinkuyu_-_Underground_city?uselang=de#/media/File:Derinkuyu_Underground_City.JPG; Bjørn Christian Tørrissen; CC BY-SA 3.0

Abb. 58: http://commons.wikimedia.org/wiki/Category:Hypogeum_of_%C4%A6al-Saflieni?uselang=de#/media/File:Photo_Ellis_Hal_Salflieni.jpg; Richard Ellis; Gemeinfrei

Abb. 59: H. Großer

Abb. 60: H. Großer

Abb. 61: H. Großer

Abb. 62: H. Großer

Abb. 63: H. Großer

Abb. 64: H. Großer

Abb. 65: H. Großer

Abb. 66: H. Großer

Abb. 67: H. Großer

Abb. 68: H. Großer

Abb. 69: H. Großer

Abb. 70: H. Großer

Abb. 71: H. Großer

Abb. 72: YouTube

Abb. 73: YouTube

Abb. 74: http://commons.wikimedia.org/wiki/Category:Art_of_Yellowstone?uselang=de#/media/File:Heinrich_Berann_NPS_Yellowstone.jpg; Heinrich Berann; Gemeinfrei

Abb. 75: http://commons.wikimedia.org/wiki/Category:Sahara?uselang=de#/media/File:Algeria_Sahara_Desert_Photo_From_Drone_5.jpg; Fiontain; CC-BY-SA 4.0

Abb. 76: http://commons.wikimedia.org/wiki/Category:Lake_Toba#/media/File:Lake_Toba_3D_2012.jpg; Batholith; Gemeinfrei

Abb. 77: http://de.wikipedia.org/wiki/Letzte_Kaltzeit#/media/File:Ice_age_fafau_of_northern_Spain_-_Mauricio_Ant%C3%B3n.jpg; Mauricio Antón; CC BY 2.5

Abb. 78: H. Großer

Abb. 79: http://commons.wikimedia.org/wiki/Category:Epic_of_Gilgamesh?uselang=de#/media/File:British_Museum_Flood_Tablet_1.jpg; Mike Peel; CC-BY-SA 4.0

Abb. 80: http://de.wikipedia.org/wiki/Sintflut#/media/File:Danby-deluge.jpg; Francis Danby; Gemeinfrei

Abb. 81: https://upload.wikimedia.org/wikipedia/commons/7/79/Operation_Upshot-Knothole_-_Badger_001.jpg; Federal Government of the United States -; Gemeinfrei

Abb. 82: H. Großer

Abb. 83: http://de.wikipedia.org/wiki/Bikini-Atoll#/media/File:Operation_Crossroads_Baker_Edit.jpg; United States Department of Defense; Gemeinfrei

Abb. 84: https://commons.wikimedia.org/wiki/Category:Mohenjo-daro?uselang=de#/media/File:Painting_of_the_skeletons_found_during_the_digging.jpg; Soban; CC BY-SA 30

Abb. 85: H. Großer

Abb. 86: http://commons.wikimedia.org/wiki/Category:Puma_Punku# /media/File:Puma_Punku14.JPG; Brattarb; CC BY-SA 3.0

Abb. 87: http://commons.wikimedia.org/wiki/Category:Puma_Punku#/media/File:Puma_Punku_H_profile_wall.JPG; Janikorpi; CC BY-SA 3.0

Abb. 88: H. Großer

Abb. 89: https://upload.wikimedia.org/wikipedia/commons/7/7b/All_of_them_together!.JPG; Micetta; CC BY-SA 3.0

Abb. 90: https://upload.wikimedia.org/wikipedia/commons/b/ba/Cheops_pyramid_02.jpg; Jon Bodsworth; Zur freien Verfügung

Abb. 91: http://commons.wikimedia.org/wiki/Category:Obelisks_in_Karnak_temple_complex?uselang=de#/media/File:Luxor,_Egypt.jpg; MrSnooks; CC BY-SA 2.0

Abb. 92: http://de.wikipedia.org/wiki/Pyramiden_von_Meroe#/media/File:Sudan_Meroe_Pyramids_30sep2005_2.jpg; Fabrizio Demartis; CC BY-SA 2.0

Abb. 93: http://commons.wikimedia.org/wiki/Category:Pyramids_of_Meroe?uselang=de#/media/File:Sudan-Darfur2008-_piramidi-_contesto-_COSV_(7).jpg; COSV; CC BY-SA 3.0

Abb. 94: http://de.wikipedia.org/wiki/Pyramiden_von_Nuri#/media/File:Nuri_main_pyr.northeast.jpg; Bertramz; CC BY-SA 3.0

Abb. 95: https://upload.wikimedia.org/wikipedia/commons/9/93/Ancient_ziggurat_at_Ali_Air_Base_Iraq_2005.jpg; Hardnfast; CC BY 3.0

Abb. 96: https://upload.wikimedia.org/wikipedia/commons/c/ca/Uxmal_-_Pir%C3%A1mide_del_Adivino_-_lado_norte.jpg; Magister Mathematicae; CC BY-SA 3.0

Abb. 97: https://de.wikipedia.org/wiki/Chich%C3%A9n_Itz%C3%A1#/media/File:Chichen_Itza_3.jpg; Daniel Schwen; CC-BY-SA 4.0

Abb. 98: https://upload.wikimedia.org/wikipedia/commons/8/83/Lascar_Avenue_of_the_Dead_and_the_Pyramid_of_the_Sun_in_the_background_%284566574277%29.jpg; Jorge Láscar; CC BY 2.0

Abb. 99: http://de.wikipedia.org/wiki/Pyramiden_von_T%C3%BAcume#/media/File:Tucume_Ueberblick.jpg; Euyasik; GFDL

Abb. 100: http://de.wikipedia.org/wiki/Caral#/media/File:Peru-Caral01.jpg; I, Xauxa; CC BY 2.5

Abb. 101: Google Earth; 2007 European Technologies; Gemeinfrei

Abb. 102: http://commons.wikimedia.org/wiki/Category:Quality_images_of_Cappadocia?uselang=de#/media/File:Landscape_near_U%C3%A7hisar _02.jpg; Bernard Gagnon; CC BY-SA 3.0

Abb. 103: http://commons.wikimedia.org/wiki/Category:Kaymakli_underground_city#/media/File:Kaymakl%C4%B1_Unterirdisch.JPG; Elelicht; CC BY-SA 3.0

Abb. 104: http://commons.wikimedia.org/wiki/Category:Kaymakli_underground_city#/media/File:Kaymakli_underground_city_8932_Nevit_Enhancer.jpg; Nevit Dilmen; CC BY-SA 3.0

Abb. 105: http://commons.wikimedia.org/wiki/Category:Hypogeum_of_%C4%A6al-Saflieni?uselang=de#/media/File:Hypog%C3%A9e_Hal_Saflieni.jpg; Hamelin de Guettelet; CC BY-SA 3.0

Abb. 106: https://upload.wikimedia.org/wikipedia/commons/a/a1/04_unas_south_west.jpg; Jon Bodsworth; Zur freien Verfügung

Abb. 107: Karin Birkefeld

Abb. 108: H. Großer

Abb. 109: http://de.wikipedia.org/wiki/Sonnenheiligtum_des_Niuserre#/media/File:Temple-solaire-abousir.jpg; Ludwig Borchardt; Gemeinfrei

Abb. 110: http://de.wikipedia.org/wiki/Sonnenheiligtum_des_Niuserre#/media/File:Solar_Temple_of_Niuserre.jpg; Jon Bodsworth; Zur freien Verfügung

Abb. 111: Google Earth; 2015 Digital Globe; Gemeinfrei

Abb. 112: http://de.wikipedia.org/wiki/Delta_Clipper#/media/File:Delta_Clipper_DC-X_first_flight.jpg; NASA/MSFC; Gemeinfrei

Abb. 113: http://de.wikipedia.org/wiki/Delta_Clipper#/media/File:DC-XA.jpg; NASA/MSFC; Gemeinfrei

Abb. 114: Karin Birkefeld

Abb. 115: Karin Birkefeld

Abb. 116: http://commons.wikimedia.org/wiki/Category:Valley_Temple_of_Khafra?uselang=de#/media/File:Khafre_valley_statue_sockets.jpg; HoremWeb; GFDL

Abb. 117: http://commons.wikimedia.org/wiki/Category:Temple_of_Hatshepsut?uselang=de#/media/File:Hapsetchet_temple131.jpg; Shannon Hobbs; CC BY-SA 2.0

Abb. 118: Karin Birkefeld

Abb. 119: http://www.google.de/imgres?imgurl=http://upload.wikimedia.org/wikipedia/commons/c/ca/Inka_mauern_cuzco.jpg&imgrefurl=http://de.wikipedia.org/wiki/Cusco&h=450&w=600&tbnid=iY9-CoKNK3pfcM:&zoom=1&tbnh=95&tbnw=127&usg=__pA-GyrE8RvqHoKNjbBbvW3hUnJcY=&docid=DVg6My5iJfE9-M; Alexander Fiebrandt; CC BY-SA 3.0

Abb. 120: http://commons.wikimedia.org/wiki/Saksaywaman?uselang=de#/media/File:Sacsayhuaman-c01.jpg; Colegota; CC BY-SA 2.5 es

Abb. 121: http://commons.wikimedia.org/wiki/Category:Unfinished_obelisk_in_Aswan?uselang=de#/media/File:Assuan_08.jpg; Olaf Tausch; CC BY 3.0

Abb. 122: YouTube

Abb. 123: http://commons.wikimedia.org/wiki/Category:Parabolic_antennas?uselang=de#/media/File:Ceduna_OTC,_South_Australia.jpg; Nachoman-au; CC BY-SA 3.0

Abb. 124: YouTube

Abb. 125: Algund Eenboom

Abb. 126: http://de.wikipedia.org/wiki/Taube_von_Sakkara#/media/File:Photo_1-plane_front_view1.jpg; Dawoud Khalil Messiha; Gemeinfrei

Abb. 127: http://az.wikipedia.org/wiki/Atlantida#/media/File:Mar%C3%B3ti-Atlantisz_1.jpg; Géza Maróti; Gemeinfrei

Abb. 128: http://de.wikipedia.org/wiki/Edgar_Cayce#/media/File:Cayce_1910.jpg; Unbekannt; Gemeinfrei

Abb. 129: http://tr.wikipedia.org/wiki/Atlantis#/media/File:Cole_Thomas_The_Course_of_Empire_Destruction_1836.jpg; Thomas Cole; Gemeinfrei

Abb. 130: http://de.wikipedia.org/wiki/Gro%C3%9Fe_Sphinx_von_Gizeh# /media/File:Great_Sphinx_of_Giza_-_20080716a.jpg; Usuario:Barcex; CC BY-SA 3.0

Abb. 131: H. Großer

Abb. 132: http://commons.wikimedia.org/wiki/Category:Orion?uselang=de#/media/File:Orioncost.jpg; Roberto Mura; Gemeinfrei

Abb. 133: YouTube

Abb. 134: http://commons.wikimedia.org/wiki/Category:Great_Sphinx_and_Kafra_Pyramid?uselang=de#/media/File:Flickr_-_MrSnooks_-_Cairo,_Egypt_(14).jpg; Ben Snooks; CC BY-SA 2.0

Abb. 135: H. Großer

Abb. 136: https://upload.wikimedia.org/wikipedia/commons/3/39/Cuba_satellite.jpg; NASA; Gemeinfrei

Abb. 137: YouTube

Abb. 138: YouTube

Abb. 139: YouTube

Abb. 140: YouTube

Abb. 141: YouTube

Abb. 142: YouTube

Abb. 143: YouTube

Abb. 144: YouTube

Abb. 145: YouTube

Bei einigen YouTube-Links ist es uns trotz intensiver Recherchen nicht gelungen, den Urheber bzw. die Original-Quelle ausfindig zu machen. Sofern der Urheber sich bei uns meldet, werden wir selbstverständlich gerne die Quellenangaben entsprechend ergänzen.

Internet-Links wurden nach bestem Gewissen auf Aktualität und Funktion geprüft. Leider kann es dennoch immer wieder vorkommen, dass einige Links gelöscht wurden und Seiten nicht mehr erreichbar sind. Hinweise nehmen wir gern entgegen und werden Aktualisierungen in künftigen Auflagen berücksichtigen.

Literatur zu den Rätseln der Geschichte dieser Welt und weiteren faszinierenden Themen finden Sie im Verlagsprogramm des Ancient Mail Verlags:

Hartmut Großer

Apollo 20

Eine Mondlandung, die angeblich nie stattgefunden hat

ISBN978-3-95652-120-1,
215 Seiten, Din A5, Pb.,
114 Farb-Abbildungen,
€ 16,90

Im April 2007 veröffentlichte ein Mann einige Filme auf YouTube, welche Aufnahmen einer geheimen russisch/amerikanischen Mondmission zeigen. Hierbei soll es sich um die ultrageheime Apollo-20-Mission handeln.

Ziel der Mission war die Untersuchung eines großen zigarrenförmigen Objektes und weiterer kleinerer Objekte in dessen Nähe auf der dunklen Seite des Mondes, welche während der Apollo-15-Mission von 1971 fotografiert wurden.

Roland Roth

Technogötter

Vorzeitliche Hochtechnologie und verschollene Zivilisationen

ISBN 978-3-935910-88-0, Din A5, Pb., 236 Seiten, 52 s/w-Abb., **€ 16,50**

Wussten Sie, dass die Terrassen von Baalbeck im Libanon als „Wohnsitz der Götter“ galten? Ist Ihnen bekannt, dass technische Artefakte und gepflasterte Straßen in uralten Sedimentschichten entdeckt wurden? Wussten Sie von dem rätselhaften und weltweiten Schlangenmythos? Sie dachten, Kolumbus entdeckte Amerika – warum finden sich dann Kopien uralter Karten mit den exakten Umrissen Amerikas und der Antarktis? Wussten Sie, dass in uralten Zeiten Kriege mit modernsten Waffen ausgetragen wurden? Ja, dass frühe Völker wie die Ägypter oder Inkas den Sinn und Zweck fliegender Maschinen erkannten? Ist Ihnen bewusst, dass indische Überlieferungen von hochtechnisierten Zivilisationen berichten, die bereits der Raumfahrt befähigt waren? Hätten Sie gewusst, dass die sagenumwobenen Reiche Mu und Lemuria vielleicht doch nicht nur reine Legenden sind? Und dass die Spuren sowohl auf den Osterinseln, als auch auf Neuseeland und Hawaii zu finden sind? Wussten Sie, dass die Cherubim und Seraphim aus der Bibel fliegende Vehikel einer überlegenen Technologie waren? Als es in Europa nur primitive Menschengrüppchen gegeben haben soll, bauten diese jedoch schon astronomische Monumente mit gigantischen Bausteinen – woher hatten sie dieses Wissen? Wussten Sie, dass in dunkler Vergangenheit tonnenschwere Steinkolosse mit Leichtigkeit bearbeitet und transportiert wurden? Haben Sie schon davon gehört, dass die rätselhafte Megalithkultur auch in Deutschland überaus aktiv war? War Ihnen die nur wenigen Menschen bekannte Tatsache bewusst, dass es Sternentore und Teleportationsgeräte vor undenklichen Zeiten wirklich gab? Sie dachten, dass Gott den Menschen schuf – falsch, denn es steht schon anders in der Bibel, denn Gott war nicht allein. Wussten Sie, dass am Golf von Khambhat in Indien versunkene Städte entdeckt wurden, die wesentlich älter sind als die Kultur der Sumerer? Die Indianer kamen nicht über die Beringstraße auf den amerikanischen Kontinent; wussten Sie das? Ist Ihnen bekannt, dass Atlantis wahrscheinlich nicht nur eine literarische Erfindung ist? Hörten Sie jemals davon, dass die uralten Kulturen durch gewaltige Katastrophen vernichtet wurden . . .?
Solchen und vielen weiteren großen und kleinen Fragen und Rätseln der Geschichte und Gegenwart der Menschheit geht der bekannte Sachbuchautor und Journalist Roland Roth in seinem neuen Buch nach. Und der Autor beweist damit, dass unsere Vergangenheit wesentlich phantastischer war, als wir es heute glauben! Eine Reihe von Fragen der Vergangenheit sind für die Öffentlichkeit gar keine.

Sie irrt sich, und das Buch beweist es. Denn es existieren noch immer offene Phänomene, die der Autor in diesem Buch analysiert. Den kritischen Blick verliert er dabei jedoch nie, denn es gibt natürlich auch Experten und solche, die es sein wollen, die Gegenargumente der Schulwissenschaft anführen. Doch stimmen diese bei einer näheren Betrachtung überhaupt? Ja und Nein sagt der Autor und führt den Leser so in eine Welt des Unerklärlichen, die vor Jahrtausenden begann und noch immer existiert.

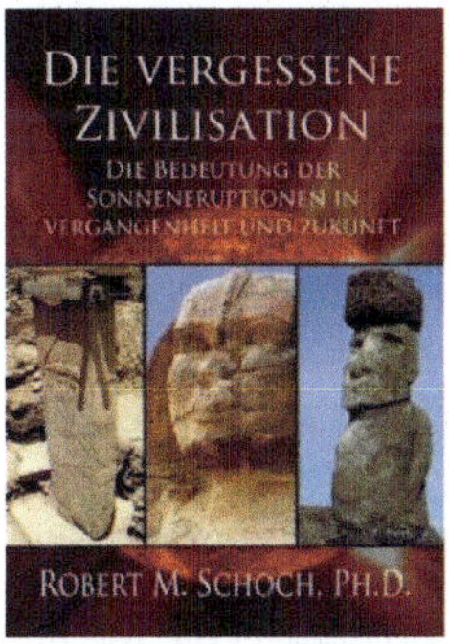

Robert M. Schoch, Ph. D.

Die vergessene Zivilisation

Die Bedeutung der Sonneneruption in Vergangenheit und Zukunft

ISBN 978-3-95652-078-5, Din A5, Paperback, 423 Seiten, 25 s/w-Abbildungen, 14 Farb-Abb., **€ 22,80**

Das plötzliche Erscheinen von Zivilisation im Jahre 3.000 v. Chr. stellt nicht das erste Auftauchen einer Zivilisation dar. Eher ist es das erneute in Erscheinung treten einer Zivilisation nach ungefähr 5.000 oder mehr Jahren. Natürlich gibt es erwiesenermaßen eine Kultur in der Zeit von 10.000 v. Chr. bis 9.000 v. Chr., also tausend Jahre früher als die Ägyptische Dynastie und ihre Zeitgenossen in Mesopotamien und dem Industal.

Dieses früheste Erblühen einer Zivilisation wurde im Allgemeinen von der Menschheit vergessen, obwohl Hinweise darauf immer noch in Heiligen Inschriften, überlieferten Legenden und uralten Texten gefunden werden können. Der Garten Eden, Erzählungen über ein Goldenes Zeitalter und Platos Erzählungen über Atlantis könnten alle als Referenz für diese ursprüngliche Zivilisation dienen. Jetzt ist es an der Zeit, ihr Erbe anzutreten.

Werner Betz

Kräfte aus dem Nichts?

Geheimnisvolle Orte und rätselhafte Energien

ISBN 978-3-95652-056-3, Hardcover, Din A5, 206 Seiten, über 70 Farb-Abb., **€ 19,50**

Warum wurde die Kathedrale von Chartres genau an dem Platz erbaut, an dem sie heute steht und warum finden wir in der Bretagne kilometerlange Reihen von Menhiren, die einst unter großem Aufwand dort errichtet wurden? Wie entstand in einem Megalith-Bauwerk eine Temperatur von 2.000° C, so dass die Oberflächen der Steine verglasen konnten?

Bei diesem Buch handelt es sich um die Geschichte einer Entdeckung. Auf der Suche nach der Ursache der Kräfte, die an besonderen Orten wie Kultstätten oder Wallfahrtsorten wirken, haben Werner Betz und Sonja Ampssler Zusammenhänge aufgedeckt, die nahe legen, dass hier tatsächlich eine Energie im physikalischen Sinn im Spiel ist. Zu diesem Zweck haben sie eine Messmethode entwickelt, mit der sie nachweisen können, dass der Ausschlag einer Wünschelrute nichts mit „Esoterik" zu tun hat, sondern das Ergebnis einer messbaren Kraft ist. Die hierfür benötigten Hilfsmittel sind einfach zu beschaffen und das Verfahren kann von jedermann ohne großen Aufwand angewendet werden. Überraschungen erlebten die beiden auf ihren Reisen in Europa immer wieder vor allem in traditionsreichen Kirchen und Gebäuden, aber auch bei Menhiren, Dolmen und Megalith-Bauten. Damit können sie belegen, was bisher nur vermutet wurde, nämlich dass diese in einem unmittelbaren Zusammenhang mit einer Energie stehen, die von den Menschen vielleicht bald wirtschaftlich genutzt werden kann. Damit kann die so genannte „Freie Energie" von Forschung und Wirtschaft nicht mehr ignoriert werden, denn sie ist mit Instrumenten nachweisbar, womit die Voraussetzung für eine systematische Erforschung und spätere Nutzung dieser Energiequelle gegeben ist.

Der Weg zu dieser Erkenntnis war spannend und hat viele neuen Fragen aufgeworfen und einige davon sogar beantworten können. Alle Schauplätze, an denen die Autoren recherchiert haben, sind durch zahlreiche Fotos dokumentiert und anschaulich vorgestellt.

Was wussten unsere Vorfahren von Energien, die uns heute noch Rätsel aufgeben? Werner Betz und Sonja Ampssler hoffen, dass ihre Erkenntnisse einen Anstoß dafür geben, dass die Wissenschaftler diese Rätsel in absehbarer Zukunft lösen können und das Wissen unserer Ahnen neu entdecken.

Alexander Knörr/Roland Roth (Hrsg.)

Terra Divina

Auf den Spuren der göttlichen Lehrmeister

ISBN 978-3-944198-17-0, Din A5, Paperback, 326 Seiten, 131 Abb. **€ 19,50**

Terra Divina ist Latein und bedeutet „göttliche Erde".
„Göttliche Erde" deshalb, weil es Tausende Hinweise gibt, dass unsere Erde vor Jahrtausenden von „Göttern" besucht wurde, die uns Menschen nachhaltig beeinflussten und dann wieder verschwanden. Dorthin verschwanden, wo sie hergekommen waren – in die Tiefen des Weltalls. Die Hypothesen der Prä-Astronautik, die diese Annahme zu bestätigen sucht, sind nicht neu. Aber sie sind eben auch immer noch hochaktuell. Und gerade dieses Buch veranschaulicht diese Situation sehr gut.

Immer wieder wird argumentiert, dass die Prä-Astronautik „nichts Neues" ans Tageslicht bringt, dass immer wieder nur alte Themen aus den Schubladen herausgekramt und aufgepäppelt werden.
Die Autorenkollegen und Herausgeber von „Terra Divina", Alexander Knörr und Roland Roth wollten dies nicht länger auf sich sitzen lassen. So trugen sie aus eigener Forschung aber auch aus den Forschungsergebnissen ihrer Forscher- und Autorenkolleginnen und -kollegen eine stattliche Anzahl an Berichten zusammen, die allesamt im deutschsprachigen Raum kaum bekannt geworden sind. Einige sind noch nie vorher in dieser Art behandelt und untersucht worden. Sie erhalten in „Terra Divina" Einblick in die neuesten Forschungsergebnisse von 15 Forschern der Prä-Astronautik die für Sie um die Welt gereist sind um vor Ort zu recherchieren, die sich für Sie mit Themen befassen, die auch sehr gewagt interpretiert wurden. Internationale Autoren, die bereits sehr bekannt sind wie Walter-Jörg Langbein, Roland Horn, Brien Foerster, Gisela Ermel und Thomas Ritter, aber auch in der Welt der Prä-Astronautik noch weitestgehend unbekannte Autoren wie Jürgen Huthmann, Sylvia Lapp oder Frank Grondkowski (um jeweils nur einige zu nennen) beleben mit ihren spannenden und brisanten Artikeln dieses Buch. Sie machen sich streitbar und sicherlich auch mancherorts unbeliebt mit ihren Thesen und Standpunkten. Aber sie versuchen nur eines – Ihnen die „Spuren der göttlichen Lehrmeister" aufzuzeigen. Und sie machen auch eines klar: Es gibt noch so viele Orte, die man aufsuchen, so viele Mythen und Legenden, denen man auf den Grund gehen und so viele Spuren, die man verfolgen kann, dass die Prä-Astronautik noch lange nicht am Ende ihrer Argumente angekommen ist.

Norbert Renz

Die Bundeslade als Funkgerät

ISBN 978-3-95652-100-3, Paperback,
100 Seiten, 12 s/w-Abb., **€ 9,80**

Wer kennt sie nicht? Däniken, Charroux, Krassa, Sitchin und ihre Theorien über antike Astronauten und Technologien! Zu Recht klagen die Leser immer wieder, dass die Theorien ja recht plausibel sind, aber es bleibt immer das Gefühl, dass in den Argumentationen etwas fehlt. Sozusagen der Transistor, der aus der Ersatzteilkiste des antiken Servicetechnikers fiel, ein ultimativer Beweis, oder wenigstens eine Stellungnahme eines Ingenieurs oder Wissenschaftlers, welche die Hypothesen untermauert.

Techniker wie der NASA-Ingenieur Blumrich oder Garn hatten bereits mutig die Lampen von Dendera oder Raumschiffberichte aus der Bibel analysiert. In diesem Buch wagt der Autor den Versuch, dasselbe mit der Bundeslade zu tun, und zwar mit Zahlen und Berechnungen, die dem Stand der Technik möglichst nahe kommen und sich so eng wie möglich an den Wortlaut der Bibel halten.

Er geht einen mutigen Schritt, jedoch ist dabei jede einzelne seiner Überlegungen technisch fundiert begründet und nachvollziehbar. Nur wer daran glaubt, dass nicht sein kann, was nicht sein darf, wird sich seinen sachlichen Argumenten verschließen. Doch mit dieser Haltung gäbe es auch keine Waschmaschine, kein Internet und keine Raumfahrt.

Das eBook im Ancient Mail Verlag:

Ancient Booklet

Mit dem Ancient Booklet werden Fachartikel sowie vollständige Sachbücher, die bisher nicht mehr erhältlich waren, den Lesern wieder neu zugänglich gemacht. Außerdem umfasst das Angebot vollständige Ausgaben diverser Fachzeitschriften - auch bereits vergriffene. Darüber hinaus werden ständig neue, aktuelle Fachbeiträge und Buchauszüge angeboten.

Ancient Booklets sind erhältlich in den Shops von Amazon, Apple, Libreka, Ceebo, Weltbild und weiteren Anbietern.

Unter dem Stichwort „Ancient Mail" finden Sie in diesen Shops unser gesamtes derzeit erhältliches Angebot, welches wir ständig für Sie erweitern.

Unsere Geschichte ist voller Rätsel –

Wir wollen helfen, sie zu lösen !

Bücher und Informationen zu den Themenkreisen Archäologische Rätsel dieser Welt, Paläo-SETI, Grenzwissenschaften, Sagen und Mythen.

Fordern Sie einfach *kostenlose* weitere Informationen an – per Postkarte, Fax, Telefon oder eMail beim

Ancient Mail Verlag • Werner Betz
Europaring 57, D-64521 Groß-Gerau
Tel. (00 49) 61 52 / 5 43 75, Fax (00 49) 61 52 / 94 91 82
eMail: ancientmail@t-online.de
www.ancientmail.de